Gabriele Redden

Räuchern

Weltbild

Gabriele Redden

Räuchern

Fisch · Geflügel · Fleisch

Weltbild

Inhalt

Vor dem Räuchern

Grundrezepte

Rezepte

Anhang

Über das Räuchern
Am Anfang waren Sonne, Salz und Rauch

Eines der ältesten Konservierungsverfahren

Räuchern ist neben Salzen und Trocken die älteste Methode zur Haltbarmachung von Fleisch, Fisch und anderen Lebensmitteln. Es ist zwar heute nicht mehr genau festzustellen, wie der Mensch auf die Idee gekommen ist, Nahrungsmittel zu räuchern, aber nachdem er es einmal entdeckt hatte – vermutlich über das Dörren, das nicht nur in der Sonne, sondern auch über Feuer vollzogen wurde –, machte er sich diese Form der Vorratshaltung zunutze.

Die Vorratshaltung hat eine lange Tradition in der Geschichte der Menschheit. Schon früh entwickelten unsere Vorfahren Methoden, um die leicht verderblichen Nahrungsmittel wenigstens für eine gewisse Zeitspanne lagerfähig zu erhalten.

Später entwickelten die Menschen weitere Verfahren zur Konservierung. Etwa 3000 v. Chr. entdeckten die Assyrer, dass in Öl eingelegte Lebensmittel länger genießbar bleiben, 1000 Jahre später fanden die Ägypter heraus, dass das Einlegen in Essig – das Beizen – ebenfalls den Fäulnisprozess verlangsamte. Und jede römische Villa verfügte in der Antike über einen Vorratskeller, denn kühle Temperaturen waren schon damals als Frischhaltemittel bekannt.

Eines der ältesten erhaltenen Rezeptbücher Deutschlands – aus Süddeutschland – stammt aus dem Ende des 14. Jahrhunderts und beschreibt die Zubereitung von etwa einhundert Gerichten. Für Fisch und Fleisch werden darin Rezepte zum Sieden, Braten und Backen in Teig beschrieben, und es werden Anleitungen gegeben, sie durch Salzen, Dörren oder Räuchern haltbar zu machen.

FISCH ODER FLEISCH, ...

... welches Nahrungsmittel die Menschen zuerst durch Räuchern haltbar zu machen versuchten, bleibt wohl für immer ungewiss. Vielleicht war es der im Vergleich zu Fleisch noch schneller verderbliche Fisch, der daher besondere Maßnahmen zur Konservierung verlangte. Jedenfalls hat das Räuchern, besonders in den Küstenregionen Europas, eine lange Tradition.

Geschichte der Lebensmittelkonservierung im Überblick

Frühzeit	Salzen, Trocknen/Räuchern
ca. 3000 v. Chr.	Einlegen in Öl (Mesopotamien)
ca. 2000 v. Chr.	Einlegen in Essig (Ägypten)
ca. 1000 v. Chr.	Gaslagerung (Getreidespeicher, in denen Kohlenstoffdioxid der Atemluft vor Verderb schützte)
ca. 50 n. Chr.	Einlegen in Honig (Römisches Reich) Versiegeln mit Ton, Wachs (Römisches Reich) Schwefeln (Römisches Reich)
ca. 200 n. Chr.	Kühlen mit Verdunstungskälte (Römisches Reich)
ca. 1000 n. Chr.	Einlegen in Alkohol (Arabien) Konservieren mit Milchsäure (Ostasien, Orient) Konservieren mit Zucker (Ostasien, Orient)
1353	Konservieren mit Zucker (Europa)
1397	Pökeln (G. Beukel); evtl. schon 2500 v. Chr. (Babylonien) und 400 n. Chr. (Römisches Reich)
1497	Missbilligung des zu starken Schwefelns von Wein auf dem Reichstag zu Lindau
1765	Abkochen verhindert Lebensmittelverderb (L. Spallanzani)
1809	Erfindung des Prinzips der Konservendose (Napoleons Leibkoch N.F. Appert)
1865	Konservierende Wirkung von Ameisensäure (Jodin)
1874	Konservierende Wirkung von Salicylsäure (Kolbe/Thiersch)
1875	Mikroorganismen als Verursacher des Lebensmittelverderbs erkannt (Pasteur) Konservierende Wirkung der Benzoesäure (Fleck)
1923	Erste Genehmigung zur direkten Verwendung von Nitrit in Fleischprodukten (USA) Konservierende Wirkung der p-Hydroxybenzoesäureester (Sabalitschka)
1938	Konservierende Wirkung der Propionsäure (Hofmann, Dalby, Schweitzer)
1939/40	Konservierende Wirkung der Sorbinsäure (Müller/Gooding)
ab 1950	Lebensmittelbestrahlung (westliche Industrieländer, ehem. UdSSR, Japan)

*Veränderte Tabelle aus: „Zur Geschichte der Lebensmittelkonservierung"
von H. Seabert und H. Wöhrmann, Naturwissenschaft im Unterricht Chemie,
41. Jahrg.1993, Nr.19, S. 10-13*

Vorratshaltung – wie es früher war

Noch zu Beginn des 19. Jahrhunderts gab es zu den althergebrachten Methoden der Konservierung keine echte Alternative. Meist kurz vor Weihnachten wurden für einen mittelgroßen Haushalt ein Rind und zwei Schweine geschlachtet, deren Fleisch dann in kleine Stücke von ein bis zwei Kilogramm geteilt wurde. Diese Portionen, Henkel genannt, wurden anschließend durch Einpökeln (Suren) und Räuchern (Selchen) haltbar gemacht, denn sie mussten für acht bis zehn Monate die Familie ernähren. Erst die bahnbrechenden Entdeckungen und Erfindungen auf dem Gebiet der Chemie und Biologie gegen Ende des 19. Jahrhunderts machten die Entwicklung von chemischen Konservierungsmethoden möglich, die die alten Traditionen der Haltbarkeitsmachung verdrängten.

Eine spezielle Räucherkammer war früher meist nicht nötig, man nutzte den Schornstein, der in vielen Häusern bereits entsprechend mit mehreren Rauchfängen angelegt war.

In unserem Jahrhundert erinnerte man sich besonders in den Zeiten der Not wieder der alten Verfahren. Als während des Ersten und Zweiten Weltkriegs Lebensmittelknappheit herrschte und Vorräte angelegt werden mussten, gewannen das Dörren und das Räuchern von Fleisch und Fisch wieder an Bedeutung, ja es wurde geradezu überlebensnotwendig. Und wenn geräucherte Spezialitäten von uns heute vor allem als Delikatesse geschätzt werden, so sollte man diesen Aspekt vielleicht nicht ganz vergessen.

Räuchern – ein Spaß fürs ganze Jahr

Man kann natürlich das ganze Jahr über räuchern, besonders Dank der modernen Räuchergeräte. Aber besonders beliebt ist es in den Sommermonaten auf dem Balkon, im Garten oder am Strand. Der 24. August ist der Tag des heiligen Bartholomäus, des Schutzpatrons der Fischer. Vor allem in Skandinavien sind an diesem Tag bis

in den späten Abend die Strände und Flussufer mit Menschen gesäumt, die ihren frisch gefangenen Fisch auf Holzkohle grillen oder in Öfen räuchern. Man isst wie im Mittelalter, also nur mit den Fingern, und serviert dazu frisches Bauernbrot und große Schüsseln mit Tomaten, Gurken und Radieschen.

Geräuchertes – ein köstlicher Genuss

Getrocknete oder gesalzene Fleisch- und Fischwaren haben leider den Nachteil, dass man sie ohne Nachbehandlung nicht genießen kann. Getrocknetes Fleisch oder getrockneter Fisch (Stockfisch) muss gekocht werden, sonst sind beide ungenießbar. Und gesalzene Heringe müssen vor dem Verzehr gewässert werden, damit sie einem frischen Fisch wenigstens annähernd ähnlich schmecken.

Wenn auch das Räuchern gegenüber dem Trocknen oder Einsalzen den Nachteil hat, dass die so behandelten Lebensmittel schneller verderben, so hat es doch einen für Genießer ganz entscheidenden Vorteil: Alles was geräuchert wird, wird nicht nur teilweise oder ganz gar, sondern es bekommt einen besonders köstlichen Geschmack und ist ohne alle weiteren Vorbereitungen sofort zu genießen. Abgesehen davon, dass man es leicht erlernen kann, macht das Räuchern viel Freude und fordert die eigene Kreativität heraus.

Durch das Räuchern werden Fisch und Fleisch nicht nur haltbarer, sondern auch schmackhafter gemacht.

Ein Hinweis sei allerdings noch erlaubt: Das Räuchern in modernen Heißräuchergeräten verleiht zwar den unübertrefflichen Rauchgeschmack, hat aber nichts mehr mit den alten Räucherkammern zu tun, die das Gut wirklich haltbar machten.

◀ *Ein kühler, trockener Keller eignet sich zur Lagerung von mancherlei Vorräten – vom Wein bis zu Schinken und Wurst.*

Räuchern – und was dahinter steckt

Fast eine Wissenschaft für sich

Die unvollständige Verbrennung

Unter Räuchern ist – nüchtern gesagt – die kurz- oder längerfristige Einwirkung von Rauch auf bestimmte Lebensmittel zu verstehen. Der dazu benötigte Rauch entsteht in speziellen Räucheröfen bei der unvollständigen Verbrennung – Schwelung – von Sägemehl oder Sägespänen.

Was geschieht beim Räuchern?

Während des Räucherprozesses wird dem Räuchergut gleichmäßig und allmählich Feuchtigkeit entzogen. Gleichzeitig wird es durch den Einfluss der Temperatur bzw. durch enzymatische Prozesse gegart. Der Fisch oder das Fleisch wird durch den Rauch des glimmenden Holzes sozusagen imprägniert: chemische Vorgänge sind dafür verantwortlich, dass beispielsweise fäulniserregende Bakterien ferngehalten oder abgetötet werden.

Der Glimmrauch entwickelt sich:
1. durch die unvollständige Verbrennung von getrockneten Hölzern oder Pflanzenteilen – der Chemiker bezeichnet diesen Vorgang als *Pyrolyse* – und
2. aus der darauf folgenden Reaktion der dabei entstehenden Produkte.

Holzart, Temperatur und Sauerstoffzufuhr beeinflussen die Zusammensetzung und die Menge der beim Räuchern entstehenden Abbauprodukte. Bei diesem Vorgang – die ideale Glimmtemperatur liegt übrigens zwischen 200 und 600 °C – werden an die 300 verschiedene organische Verbindungen frei, wie Alkohole, Aldehyde, Ketone, Phenole, Holzessigsäure, Karbonsäuren – aber auch Teerstoffe. Kreosot ist beispielsweise ein Teerprodukt aus Buchenholz, das wegen seiner keimtötenden Wirkung gern zum Desinfizieren verwendet wird. Einige dieser Stoffe wirken einerseits keimhemmend und konservierend, weil

Pyrolyse
Chemische Zersetzung von Stoffen durch Hitzeeinwirkung.

RAUCHERZEUGUNG

*Es gibt verschiedene Techniken der Raucherzeugung, wobei der Hobbyräucherer fast ausnahmslos über den Glimmrauch räuchert. **Glimmrauch** entsteht durch das Verglühen von Sägespänen unter reduzierter Luftzufuhr per Feuer, Gasflamme oder auch durch einen Heizdraht. Nicht zu verwechseln mit dem **Schwelrauch**, bei dem die Sägespäne unter hohem Druck und minimaler Sauerstoffzufuhr per elektrischer Beheizung auf 300 bis 400 °C zum Glimmen gebracht werden. Durch die Verbrennung von Torf und Heidemoos entsteht der **Katenrauch** – charakteristisch der rußige Belag und das intensive Raucharoma.*

*Vom **Katenräuchern** mit Torf oder Heidemoos ist auf Grund der Gefahr durch krebserzeugende Substanzen dringend abzuraten.*

sie das Eiweiß gerinnen lassen, und erzeugen andererseits den charakteristischen Räuchergeschmack.

Die Haltbarkeit

Bei einem kürzeren Räuchervorgang von 10 bis 20 Minuten schlägt sich der Rauch besonders auf der Außenseite der Nahrung nieder und hat dann auch dort die stärkste konservierende Wirkung. Je länger und stärker aber der Rauch ins Innere der geräucherten Nahrungsmittel eindringt, desto dauerhafter ist die damit erreichte Haltbarkeit. Wichtig ist hierbei allerdings die Einhaltung einer möglichst geringen Temperatur, damit das Eiweiß nicht zu schnell gerinnt, das Räuchergut also nicht zu schnell gar wird, weil das ausgeflockte Eiweiß ein weiteres Eindringen des konservierenden Rauches verhindern würde. Verantwortlich für die verbesserte Haltbarkeit sind die im Rauch enthaltenen **Phenole**, Säuren, Aldehyde und das schon erwähnte Kreosot. Einige dieser Verbindungen unterbinden außerdem noch die Fettoxidation, das Ranzigwerden.

Phenole
Feste, kristallisierbare, wasserunlösliche Substanzen, die bakterientötend wirken.

Härtung und Gerbung

In direktem Zusammenhang mit der Haltbarkeit steht auch die härtende und gerbende Wirkung des Rauchs. Diesen Effekt macht man sich insbesondere beim Räuchern von Wurstwaren in Naturdärmen zunutze. Der chemische Vorgang: Aldehyde vernetzen unter gleichzeitiger Abspaltung von Wasser das im Naturdarm enthaltene Eiweiß.

Der Geschmack

Der ursprüngliche Grund fürs Räuchern – die Haltbarmachung von Lebensmitteln – spielt heute nur eine untergeordnete Rolle. In unseren Tiefkühlgeräten können wir alles beinahe beliebig lange aufbewahren, ohne dass wir Angst vor Fäulnis haben müssen. Räuchern ist also gar nicht mehr nötig, wenn nicht das köstliche Räucheraroma wäre, das geräucherte Fische oder geräuchertes Fleisch so lecker macht. Der typische Rauchgeschmack ist das Ergebnis einer Kombination aus dem Rauch an sich und des Räuchergutes selbst. Phenole und vor allem die Proteine der Räucherware, die mit den Karbonsäuren des Rauches reagieren, sind die „Verursacher" des guten Aromas.

Rauch wirkt antibakteriell, zögert das „Ranzigwerden" hinaus und verleiht den Nahrungsmitteln den charakteristischen Geschmack.

Die Farbe

Auch die Farbe des Räucherguts verändert sich durch das Räuchern. Charakteristisch ist die gelbgold bis goldbraune Färbung von Fischen und das bisweilen tiefe Schwarz des Schinkens. Verantwortlich sind wieder chemische Reaktionen zwischen Rauch und Räucherware, vor allem die im Holz enthaltenen farbgebenden Stoffe. Harzreiche Holzarten bewirken beispielsweise die schwarze Räucherfarbe, wobei wir Ihnen jedoch vom „Schwarzräuchern"

abraten möchten, da harzreiches Holz unter Umständen einen zu hohen Gehalt an krebserzeugenden Kohlenwasserstoffen (PAK = polycyclische aromatische Kohlenwasserstoffe) im Rauch verursacht.

Ist Räuchern ungesund?

Bei dem Wort Rauch reagieren wir heute zunehmend sensibel. Dabei verbinden wir damit in erster Linie die Vorstellung von schädlichen Emissionen, von Luftverschmutzung und Krebs. Und es steht auch außer Frage, dass durch Abgase die Umwelt geschädigt und durch Rauchen die Lunge zerstört wird.

Krebs durch Geräuchertes?

Vor einigen Jahren wurden sogar Forderungen laut, das Räuchern von Lebensmitteln ganz zu verbieten. Man vermutete, dass sich durch das schwelende Holz schädliche Teerstoffe im Rauch anreichern, die vom Räuchergut aufgenommen würden. Dieser Verdacht ist allerdings inzwischen durch viele Analysen insofern widerlegt worden, als dass die enthaltenen Mengen nicht gesundheitsschädlich sind. Im Teer kann tatsächlich der bekannteste Krebserzeuger **Benzpyren** nachgewiesen werden. Doch – und das ist entscheidend – hat man bei den vielen lebensmittelchemischen Untersuchungen von Räucherwaren keine besorgniserregenden Konzentrationen an Benzpyren feststellen können. Auf Grund einer gesetzlichen Verordnung dürfen Räucherwaren einen Wert von 1µg/kg Benzpyren nicht überschreiten – was bei fachgerechter Räuchertechnik relativ einfach zu befolgen ist (siehe Kasten auf Seite 18).

Benzpyren
Aromatische Kohlenwasserstoffverbindung, die in Steinkohlenteer, Zigarettenrauch, in Industrieabgasen und Auspuffgasen vorkommt.

◀ *Fischräuchern in Mecklenburg-Vorpommern.*

SCHUTZ DURCH DIE RICHTIGE TEMPERATUR

Schon durch die Auswahl des Holzes und einer Überwachung der Glimmtemperaturen lässt sich die Konzentration gesundheitsgefährdender Stoffe, wie die polycyclischen aromatischen Wasserstoffe (PAK), leicht herabsetzen. Eine Faustregel: Die Verbrennungs- beziehungsweise Verglimmungstemperatur sollte 500 bis 600 °C nicht überschreiten. Gesichert ist dies, wenn Sie darauf achten, dass das Räuchermaterial angefeuchtet und die Sauerstoffzufuhr während des Räucherns auf ein Mindestmaß beschränkt ist.

Strikt verboten ...

Sie müssen nicht befürchten, sich durch den Genuss von Räucherfisch, Rauchfleisch etc. einem Gesundheitsrisiko auszusetzen. Wesentlich bedenklicher ist dagegen der Verzehr von gegrilltem Fleisch, bei dem die glühende Kohle direkt unter dem Rost liegt. Das dabei in Glut tropfende und verdampfende Fett des Fleisches erzeugt einen Rauch, der schädlicher ist als jeder Räucherrauch.

... sind vom Gesetzgeber Brennstoffe wie Torf, Steinkohle und acetylhaltige Heizmittel. Ebenfalls nicht erlaubt ist das Verwenden von so genannten Räucherflüssigkeiten, -aromen oder speziellen Präparaten, die dem Räuchergut lediglich durch Auftragen zum gewünschten Aroma verhelfen sollen. Diese Verordnungen betreffen zwar in erster Linie Gewerbetreibende, doch auch der Hobbyräucherer sollte auf jeden Fall die Finger von den verbotenen Heizmitteln lassen – schon allein seiner Gesundheit und der Umwelt zu Liebe.

Gesunder Fisch

Unter dem Gesundheitsaspekt betrachtet, schneidet Fisch von allen geräucherten Köstlichkeiten besonders gut ab. Fische verderben zwar leicht, doch das bringt auch Vorteile mit sich. Durch seine leichte Verderblichkeit ist er gleichzeitig leichter verdaulich, denn Fisch ist reich an verdauungsfördernden Enzymen. Außerdem enthält er fast alle, für die Ernährung des Menschen notwendigen

Aminosäuren. Die meisten Fischarten sind zudem relativ fettarm. Obwohl uns beispielsweise geräucherte Forelle ausgesprochen fett vorkommt, beinhalten 100 g nur etwa 3 g Fett. Zugleich sind in diesen 100 g aber 21 g Eiweiß enthalten.

Fetter Aal?

Eine Ausnahme bildet allerdings der Aal. Auf 100 g Aal verteilen sich 29 g Fett und 18 g Eiweiß. Aber selbst dieser hohe Fettgehalt, der dem geräucherten Aal seinen typischen Speckgeschmack verleiht, ist im Vergleich zum Fleisch recht ungefährlich. Das Fischfett hat nämlich einen außerordentlich günstigen Anteil an ungesättigten Fettsäuren, die aus ernährungsphysiologischer Sicht äußerst wertvoll sind. Für Fische gilt also nicht, was man im Hinblick auf Schweinefleisch durchaus sagen kann, dass tierische Fette den pflanzlichen Fetten unterlegen seien. Diese Erkenntnis macht man sich unter anderem schon lange in der Diät- und Schonkost zunutze.

Eiweiß-/Fett-Tabelle für geräucherten Fisch in Gramm (g)		
100 g	Eiweiß (g)	Fett (g)
Aal	18	29
Bückling	21	16
Forelle	21	3
Hecht	17	1
Heilbutt	23	4
Kabeljau	19	2
Karpfen	23	18
Lachs	23	18
Makrele	21	16
Matjes	18	26
Rotbarsch	21	6
Scholle	19	2

Fisch ist ein besonders wertvoller Eiweißlieferant.

Fisch, frisch aus dem Rauch – ein köstlicher Genuss.

Fisch – ein wahrer Gesundbrunnen

Fisch ist nicht nur als Eiweißlieferant für den Menschen kaum zu übertreffen. Sein Fett ist besonders reich an ungesättigten Fettsäuren die vor Herzinfarkt, Arteriosklerose und Schlaganfall schützen. Tatsache ist, dass diese Erkrankungen relativ selten bei Japanern und Eskimos vorkommen, also Völkern, die sich fischreich ernähren. Viele Versuchsreihen haben diesen Zusammenhang nachgewiesen. Abgesehen vom gesunden Fett, sind Fische reich an den fettlöslichen Vitaminen A, D, und E sowie an Vitamin B 6 und B12 und darüber hinaus enthalten sie große Mengen an Jod, das sehr wichtig ist für die Fettverbrennung und ganz allgemein für unsere Vitalität.

Die Räuchermethoden

Kalt oder heiß?

Das Räuchergut bestimmt die Methode

Das Räucherverfahren wird weitgehend von der Rohware bestimmt. Das übliche Verfahren für gefrostete und frische Fische oder Fleisch ist die **Heißräucherung**, für vorher eingesalzene Fische oder eingesalzenes (gepökeltes) Fleisch die **Kalträucherung**. Der Unterschied zwischen beiden besteht in der Temperatur beim Räuchern und in der Räucherdauer. Bei beiden Verfahren muss das Räuchergut vor dem Räuchern vorgetrocknet werden, um ein festes Fleisch, appetitliches Aussehen und eine möglichst lange Haltbarkeit zu erreichen.

Generell sind kaltgeräucherte Fisch- oder Fleischwaren bei sachgemäßer Lagerung länger haltbar als heißgeräucherte. Die Haltbarkeit bei kaltgeräucherten Salzfischen oder gepökeltem Fleisch beträgt wenigstens 14 Tage, bei heißgeräucherten, frischen Fischen oder Fleisch vier bis acht Tage. Vakuumverpackt, hält sich Geräuchertes sogar bis zu sechs Wochen.

Warmräuchern
Der Vollständigkeit halber sei auch diese Methode des Räucherns genannt: Warmgeräuchert wird bei Temperaturen von 30 bis 50 °C und hoher Luftfeuchtigkeit (80 Prozent) zwischen zwei bis 24 Stunden. Kasseler, gekochter Schinken oder auch Brühwürste werden beispielsweise auf diese Weise geräuchert.

Kalträuchern

Kaltgeräuchert wird bei Temperaturen zwischen 25 und 30 °C sowie einer maximalen Luftfeuchtigkeit von bis zu 80 Prozent. Eine der wichtigsten Regeln der Kalträucherei ist der absolut trockene Ausgangszustand von Räucherware und Heizmittel, um dem Verderb der Nahrungsmittel vorzubeugen. Die Räucherdauer ist abhängig vom Räuchergut – Fische brauchen beispielsweise ein bis sechs Tage, je nach Größe und Art, Fleisch benötigt unter Umständen bis zu sechs Wochen.

Kalträuchern von Fleisch
Das Kalträuchern ist die bevorzugte Methode beim Räuchern von Fleisch und Wurst, vor allem von Schinken. Allerdings ist dieses Verfahren ein recht aufwendiger und

**Zur Verdauung
ein Schnäpschen**

Schon im Mittelalter wusste man, dass geräuchertes Fleisch relativ schwer im Magen liegt und schloss das Mahl daher gerne mit einem hochprozentigem Getränk ab. Noch heute rundet in Bayern ein Klarer die rustikale Mahlzeit aus Roggenbrot und Schwarzgeräuchertem ab. Grund für die schlechtere Verträglichkeit ist wahrscheinlich die starke Austrocknung des Fleischs und die gerbende Wirkung des Räucherns. Einflüsse, die wir besonders beim Kalträuchern beobachten können (siehe Seite 23 bis 25).

langwieriger Prozess. Zunächst muss das Fleisch gepökelt werden (siehe Seite 57 bis 59). Dann wird die Lake abgespült und das Fleisch zum Trocknen aufgehängt. Außerdem benötigt man dazu eine richtige Räucherkammer oder zumindest eine Art Räucherschrank, in der/dem die Ware bei 17 bis 25 °C vier bis sechs Wochen eingehängt werden kann. Die auf diese Weise entstehenden Räucherwaren werden dafür aber auch fast unbegrenzt haltbar.

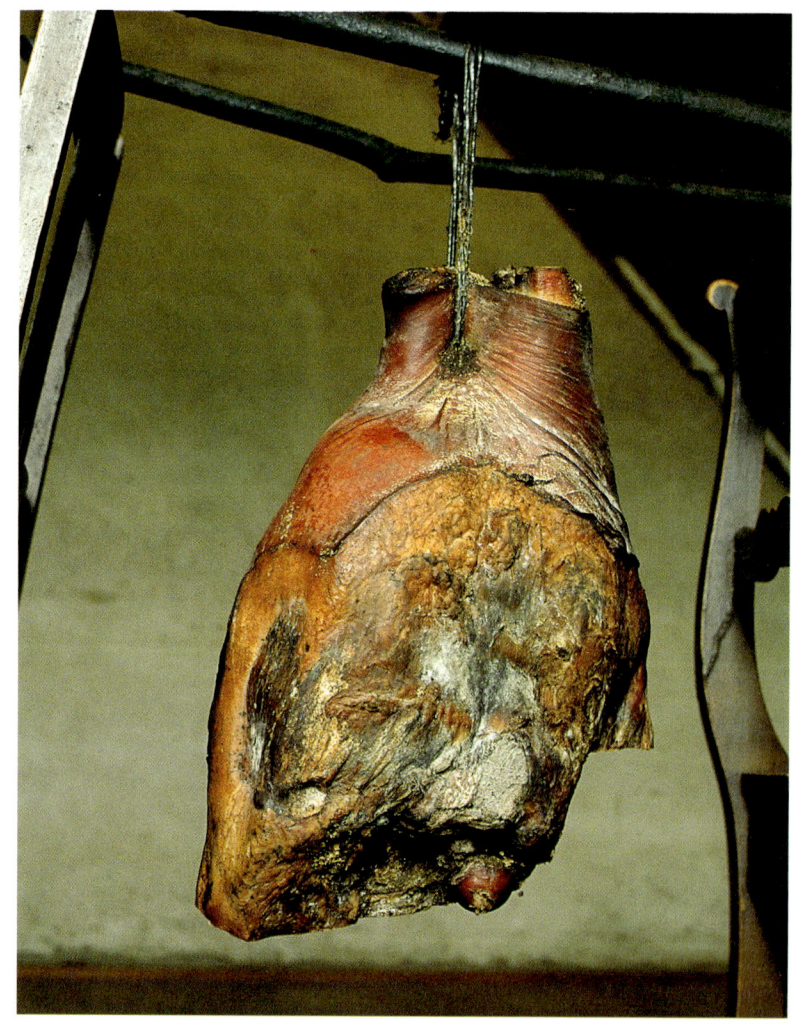

Als die Häuser in alten Zeiten noch einen offenen Kamin hatten, war das natürlich viel einfacher. Man hängte die vorher eingesalzenen Würste oder den Schinken einfach in den Rauchfang, wo der Rauch an ihnen vorüberzog, ohne sie zu stark zu erhitzen. Der berühmte Schinken aus dem Münsterland, den man schon seit dem Mittelalter wegen seines vorzüglichen Geschmacks schätzt, wurde im Wiemen, dem Abzug über dem Herdfeuer, mit Buchenholz und Wacholderbeeren geräuchert. Kaltgeräuchert werden auch Speck und Dauerwurst. Selbstverständlich eignen sich auch fast alle Wild- und Geflügelarten gleichfalls gut zum Kalträuchern.

Kalträuchern von Fisch

Auch Fisch lässt sich hervorragend kalträuchern, und auch er wird vor dem Räuchern in Salz und Kräutern gepökelt, um ihm überschüssige Feuchtigkeit zu entziehen und um das Geschmacksergebnis zu verbessern. Die Temperatur in den Öfen wird so geregelt, dass sie im Bereich des Räuchergutes möglichst zwischen 15 und 20 °C liegt. Der Räuchervorgang erstreckt sich, abhängig von der Fischart, über einen Zeitraum von ein bis sechs Tagen. Bevorzugte Fische für die Kalträucherung sind Lachs, Meerforelle oder auch Aal.

Heißräuchern

Wesentlich schneller als das Kalträuchern ist das Heißräuchern. Allerdings ist auch die Haltbarkeit dementsprechend kürzer. Heißgeräuchertes sollten Sie daher am besten noch am gleichen Tag verzehren oder gut gekühlt lagern. Heißgeräuchert wird bei einer Temperatur von über 60 °C. Diese Temperatur ist wichtig, weil Eiweiß erst bei über 60 °C gerinnt. (Meist liegt die Temperatur im Ofen bei 70 bis 90 °C.) Das Räuchergut wird demnach beim Heißräuchern sowohl gegart wie auch geräuchert. Um zu verhindern, dass es austrocknet, soll-

TIPP

Die zarteste Qualität beim Kalträuchern von Lachs erzielen Sie, indem Sie frischen Lachs verwenden, der vor dem Räuchern für etwa zwölf Stunden in einer milden Salzlake eingelegt wurde. Auch Makrelen können Sie auf diese Art schmackhaft, kalträuchern.

te die Räucherzeit allerdings vier Stunden nicht überschreiten, wobei die Dauer natürlich wieder von Größe
und Art der Räucherstücke abhängt.

Heißräuchern von Fisch

Besonders Angler – und auch Camper – bevorzugen die
einfachere Methode der Heißräucherei. Die gewaschenen
und von Schuppen befreiten Fische werden für etwa eine
Stunde in eine milde Salzlake eingelegt, abgespült und
anschließend einige Stunden getrocknet. Im Räucherofen
werden sie dann bei einer Temperatur von über 60 °C gegart. Die Räucherdauer beträgt je nach Fischart und
Größe zwischen 30 Minuten und zwei Stunden.

Einer der beliebtesten Fische, die selbst geräuchert werden, ist die Forelle. Eine Spezialität vor allem im nord-
deutschen Raum sind wacholdergeräucherte Forellen.
Aber auch fettreiche Süßwasserfische wie Aal oder Renke
eignen sich vorzüglich zum Räuchern.

Heißräuchern von Fleisch

Natürlich lassen sich auch Fleisch, Wild und Geflügel
sehr gut heißräuchern, das werden Sie spätestens feststellen, wenn Sie einige der Rezepte aus unserem Rezept-
teil (Seite 60 bis 140) ausprobiert haben. Für das Heißräuchern von Fleischstücken oder Geflügelteilen gelten die-
selben Regeln wie für Fische, wobei Sie einen größeren
Schinken vor dem Räuchern gut kochen sollten, damit er
keinen rohen Kern mehr hat. Die Gefahr dass Ihnen das
Räuchergut verdirbt, ist sonst zu groß. Auch hier ist die
Räucherdauer von der Größe des Räucherguts abhängig.

TIPP

*Unter der Bezeich-
nung „Räucherlachs"
gelangen Lachse wie
auch Meerforellen in
den Handel. Räu-
cherlachs ist somit
also nicht immer
gleich Räucherlachs!*

◄ *Blick ins Innere einer gemauerten „Räucherhütte". Ein-
gebaute Schienen erleichtern das Einbringen und Herausnehmen der Fische aus dem Ofen. Die Fronttür erlaubt jeder-
zeit eine schnelle Kontrolle des Räucherguts während des
Räuchervorgangs.*

Räuchermittel, -geräte und Co.

Holz – und was Sie sonst noch brauchen

Holzarten

Die Wahl der Holzart, die Sie fürs Räuchern verwenden wollen, ist unter anderem eine Geschmacksache. Denn Rauch ist nicht gleich Rauch, das verfeuerte Holz beeinflusst die Zusammensetzung. Wichtig ist allerdings, ein Holz zu verwenden, das möglichst wenig Harz enthält. Das Holz von Nadelbäumen, auch wenn es noch so angenehm riecht, ist zum Räuchern gänzlich ungeeignet. Neben der stärkeren Rußentwicklung schmecken Fisch oder Fleisch, mit Nadelholz geräuchert, doch sehr stark nach diesem Holz und nehmen häufig noch einen unangenehmen Terpentingeruch an. Zudem entwickelt dieses *kien*haltige Holz krebserregende Substanzen (siehe Seite 17 bis 18), die vermieden werden sollten.

Besonders geeignet ist dagegen Laubholz, hier vor allem Erlen-, Buchen-, Ahorn-, Birken- und Eichenholz und das Holz von Obstbäumen. Diese Holzarten haben ihr sehr eigenes und typisches Aroma.

Kien bezeichnete früher den für die Beleuchtung unentbehrlichen Kienspan. Heute steht Kien für das harzreiche (Kiefern-) Holz (Kiefer = Kienföhre) und das daraus gewonnene Harz.

Von links nach rechts: Holz einer Rotbuche, eines Obstbaumes und einer Birke.

Scheite, Schnitzel, Späne oder Mehl

TIPP

So sollte gutes Räu-chermehl sein:

❑ *sauber und trocken;*

❑ *frei von Farben, Ölen oder Impräg-niermitteln;*

❑ *weder modrig noch verschim-melt;*

❑ *mit möglichst ge-ringem Rinden-anteil;*

❑ *immer trocken und luftig gelagert.*

Je nach Ofentyp und -größe verwenden Sie fürs Räuchern entsprechend vorbereitetes Holz. Als Grundregel mag helfen: je größer die Holzstücke, umso schwieriger gestaltet sich die Regulierung des Feuers und je größer der Ofen, desto größer können die Holzscheite sein.

Wenn Sie sich das Sägemehl oder die Späne bei einer Tischlerei besorgen wollen, sollten Sie völlig sicher sein, dass sich darin nicht das Mehl von Span- oder Tischlerplatten befindet. Oft sind diese mit synthetischen Bindemitteln versetzt, die dann bei Rauchentwicklung gesundheitsschädlich wirken. Das gilt natürlich auch für Sägemehl und -späne aus lackiertem oder anderweitig künstlich behandeltem Holz, wie aus Bauholzabfällen, Weidezaunpfählen oder Bootsresten.

Wenn Sie ganz sicher gehen wollen, kaufen Sie sich das Räuchermehl im Fachhandel, wie zum Beispiel in Anglerläden oder gut sortierten Haushaltswarengeschäften. Dort wird nur Räucherholz vertrieben, das frei ist von schädlichen Substanzen, die dem ganzen Vergnügen einen bitteren Beigeschmack geben könnten.

TIPP

Achten Sie beim Räuchern darauf, dass keine offene Flamme im Holz auf-flackert. Das Holz darf nur glimmen und sollte dabei möglichst viel Rauch abgeben. Stärkeren Rauch können Sie übrigens dadurch er-zeugen, dass Sie die Zweige und Hölz-chen kurz ins Wasser tauchen, bevor Sie sie auf die heiße Glut legen.

Der besondere Pfiff

Wer dem Rauch und seinen Räucherstücken noch eine besondere Nuance hinzufügen möchte, mischt unter das Sägemehl getrocknete Kräuter wie Rosmarin- oder Thymianzweige. Auch Heidekraut, Salbei und Wacholderbeeren, zerbröckelte Lorbeerblätter, schwarzer Tee und Nussbaumhölzchen schaffen einen wunderbar würzigen Rauch. Die Auswahl und Zusammenstellung ist Ihrer Fantasie überlassen und schier unerschöpflich. Wenn Sie ein wenig experimentieren, werden Sie schnell eine Mischung nach Ihrem Geschmack herausfinden.

*Echte Räucherspezia-
listen entwickeln in
der Zusammenstel-
lung der Hölzer ihre
eigenen Kreationen
und hüten sie als
Geheimnis.*

Räuchermehl mit Gewürzen   **Wacholderbeeren**

Räuchergeräte

Räuchertonne – Marke Eigenbau

Sollten Sie über ein wenig handwerkliches Geschick ver-
fügen, so können Sie sich fast zum Nulltarif einen Heißräucherofen selber bauen. Das ist nicht schwer, und das
Räuchern in einer selbst gebauten Tonne macht noch
viel mehr Spaß.

Es gibt viele Möglichkeiten, sich eine Räuchertonne selbst
herzustellen. Der hier beschriebene Ofen geht auf das
wohl älteste Prinzip zurück, das vor Jahrhunderten auch
von den Fischern auf den alten **Heringsloggern** ange-
wandt wurde. Sie benutzten dazu einfach ein paar aus-
gediente Tonnen oder Fässer, entfernten Deckel und Boden und stellten das Ganze auf ein niedriges Steinfunda-
ment. An quer gelegten Stöcken hing man die zu
räuchernden Fische in die Tonne, deckte einen nassen
Sack über die Öffnung und entfachte unter der Tonne,
zwischen den flachen Steinen, ein schwelendes Holzfeuer.

Logger
*Kleines Küstensegel-
oder Motorfahrzeug
zum Fischfang.*

Eine einfache aber originelle wie auch 100-prozentig einsatzfähige Konstruktion ist unsere selbst gebaute Räuchertonne. In ihr lassen sich fast alle Fisch- und Fleischsorten räuchern.

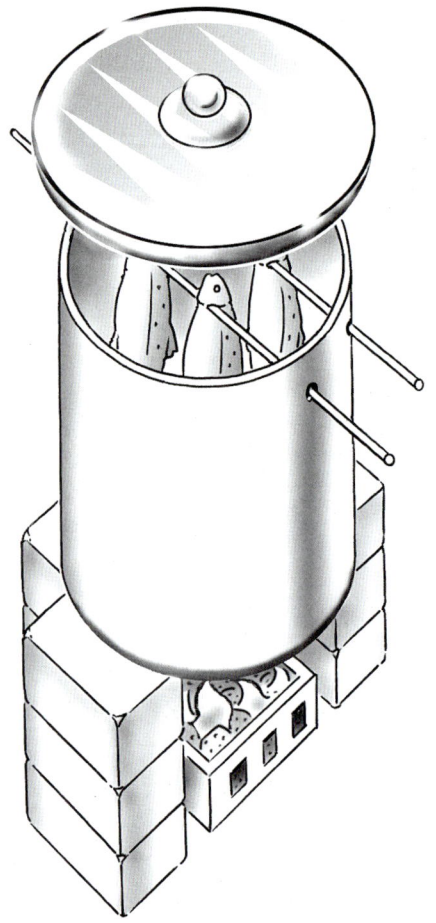

Unsere Tonne – die Einzelteile

Unser Vorschlag basiert zwar auf dem gleichen Prinzip, bildet aber ein in sich geschlossenes System. Dazu benötigen Sie folgende Gegenstände:

❑ einen 10 bis 20 l fassenden Blecheimer mit dazu gehörigem Deckel (vielleicht fragen Sie in einer Gaststätte nach einem ausgedienten Sauerkraut-, Bockwurst- oder Gurkeneimer!);

❑ 3 Fahrradspeichen, oder wenn möglich Schweißdraht von ca. 2 bis 3 mm Durchmesser;

❑ 6 oder 9 Ziegelsteine;

❑ etwas Alufolie.

Der Eimer wird zur Räuchertonne, und da er sehr heiß wird, ist es wichtig, dass er nicht lackiert ist. Viele Eimer sind aber innen mit einer isolierenden Lackschicht überzogen. Deshalb sollten Sie Ihre Räuchertonne in spe zur Sicherheit vor dem ersten Gebrauch ausbrennen, indem Sie sie leer auf größtmögliche Hitze bringen. Außerdem sollten Sie sicherstellen, dass die Nähte im Eimer möglichst nicht gelötet, sondern gefalzt oder geschweißt sind. Andernfalls könnte der Eimer an diesen Stellen leicht aufschmelzen.

Die Aufhängevorrichtung

Bohren Sie nun auf jeder Seite zwei oder drei einander gegenüberliegende Löcher in das Blech. Diese sollten etwa 2 cm unterhalb des oberen Randes liegen, damit der Deckel auch bei eingehängtem Räuchergut dicht und fest schließen kann. Damit möglichst wenig Rauch aus der Tonne entweichen kann, bohren Sie die Löcher nicht größer, als die Fahrradspeichen beziehungsweise der Schweißdraht, der später hindurchgesteckt werden soll, dick ist.

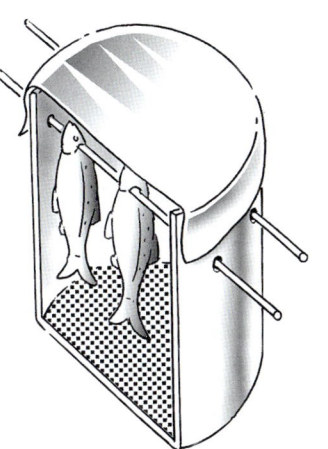

Die Räuchertonne im Querschnitt.

Die Abstand der Löcher sollte groß genug sein, damit sich die Fische oder Fleischstücke während des Räucherns nicht berühren. Wenn Ihre Tonne weit genug ist, und Sie drei Löcher bohren wollen, sollte die mittlere Stange so angebracht werden, dass sie den Durchmesser der Tonne in zwei gleich große Hälften teilt. Die Stangen links und rechts davon werden etwa den gleichen Abstand zur Mitte wie zum Rand haben. Am einfachsten legen Sie zur Markierung der zu bohrenden Löcher die drei Stangen vorher auf den oberen Rand des Eimers. Sie müssen dann nur etwa 2 cm tiefer die Bohrstellen markieren.

Erst das Räuchermehl – dann die Alufolie

Bevor Sie die Fisch- oder Fleischstücke in die Tonne hängen – in einen 10-l-Eimer können Sie zum Beispiel ohne Schwierigkeiten bis zu sechs Forellen unterbringen – , streuen Sie das Räuchermehl auf den Boden der Tonne. Fünf bis sechs Esslöffel genügen vollkommen.

Wenn Fett von Fleisch auf einem Grill in die glühende Holzkohle tropft und dort verdampft, ist das, wie wir bereits erklärten, ziemlich ungesund. Damit dies hier nicht passieren kann, wird das vorher glatt gestrichene Räuchermehl durch eine Alufolie abgedeckt, die etwas größer als der Durchmesser des Tonnenbodens sein muss. Sie wird später das herabtropfende Fett auffangen. Um zu verhindern, dass das Fett am Rand nicht doch noch in die Glut gerät, biegen Sie die Folie am Rand etwa 2 cm hoch und drücken sie fest an die Innenwand des Eimers. Damit Sie gut an den Boden herankommen, sollten Sie vorher die Stäbe aus der Tonne ziehen.

Aufhängen des Räucherguts
Fleisch, Fische oder Fischstücke werden nun an Haken, die man sich selbst zurechtbiegen oder in jedem Anglergeschäft kaufen kann, in die Räuchertonne gehängt. Wie Sie Fische „anbinden" können, zeigen wir Ihnen auf der Seite 54 genauer.

Wie lange das Räuchern in Ihrer Räuchertonne ganz genau braucht, werden Sie nur durch Ihre eigenen Experimente feststellen können.

Achten Sie darauf, dass Sie das Räuchergut so nebeneinander hängen, dass sich die Fische oder die Fleischstücke nicht berühren und auch nicht an die Alufolie oder den Tonnenrand kommen. Beides wird beim Räuchern sehr heiß und würde daher das Fleisch an diesen Stellen verbrennen, und der wunderbare Räuchergeschmack wäre dahin.

Stahlhaken

Kehl- oder Doppelhaken

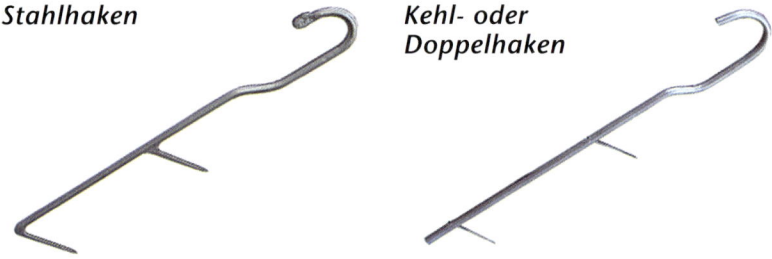

Verschließen der Tonne

Ist das Räuchergut untergebracht, wird der Deckel, der fest abschließen muss, auf die Tonne gedrückt. Alternative: Falls Sie keinen passenden Deckel haben, können Sie auch einen nassen Sack oder ein nasses Tuch über die Tonne legen und dann mit einer Platte abdecken.

Die Feuerstelle

Die Ziegelsteine werden zu je drei Säulen von zwei oder drei Steinen aufeinander gelegt und in U-Form positioniert. Dazwischen stellen Sie die Dose, die zur Hälfte mit Spiritus gefüllt wird. Wollen Sie mit dem Räuchern beginnen, brauchen Sie den Spiritus nur mit einem langen Streichholz anzuzünden. Dann stellen Sie den vorbereiteten Eimer auf die Steine.

ACHTUNG SPIRITUS

Man sieht die kleine Flamme kaum und kann sich deshalb leicht die Finger verbrennen. Sollte es nötig werden, Spiritus nachzufüllen, dann bitte nie direkt aus der Flasche, denn sie könnte in Ihrer Hand explodieren. Seien Sie deshalb sicher, dass die Flamme erloschen ist, bevor Sie nachgießen. Arbeiten Sie mit feuerfesten Arbeitshandschuhen, nehmen Sie die Dose hervor und füllen Sie erst dann den Spiritus nach.

TIPP

In Geschäften für Campingausrüstungen und Läden für asiatische Waren können Sie Spiritusdosen mit geliertem Spiritus kaufen. Diese Brennpaste ist im Vergleich zu flüssigem Spiritus einfacher zu handhaben und wird übrigens auch für Wok oder Feuertopf verwendet.

Wir räuchern

Solange der Brenner unter der Tonne steht, sollten Sie es tunlichst vermeiden, den Deckel zu öffnen, um nachzuschauen, wie es um Ihre Fische beispielsweise steht. Rauch und Hitze würden entweichen und das Ergebnis wäre alles andere als zufriedenstellend. Fertig sind Fische, die in der oben beschriebenen Weise in die Tonne kommen, nach etwa 20 bis 25 Minuten. Genauere Zeiten – auch die für Fleisch und/oder Geflügel – entnehmen Sie bitte den separaten Tabellen auf den Seiten 62, 73 und 81.

Sobald der Räuchervorgang abgeschlossen ist, öffnen Sie die Tonne vorsichtig (sie ist sehr heiß!), nehmen das Räuchergut heraus und lassen es abkühlen. Bei den relativ kleinen Mengen, die man in einer solchen Tonne räuchern kann, können Sie die frisch geräucherte Ware auch gleich verzehren. Allerdings mit Vorsicht, denn besonders noch heiße Räucherfische neigen dazu – speziell, wenn sie fett sind, die Darmtätigkeit überraschend stark anzuregen. Daher frisch geräucherte Fische besser nur lauwarm oder kalt genießen.

Nach dem Räuchern

Sauberkeit ist auch beim Räuchern gefragt. Lassen Sie den in der Tonne entstandene Rauch möglichst schnell abziehen. Ist das geschehen, schütten Sie die Asche aus der Tonne, reinigen Sie Haken und Aufhängevorrichtungen, und das Gerät ist startklar für den nächsten Gang.

Räuchern in der Mini-Räucherdose

EINKAUFS-LISTE

Für die Räuchertonne brauchen Sie:
- *1 Blecheimer, etwa 10 bis 20 l, mit Deckel;*
- *3 Fahrradspeichen, oder Schweißdraht von ca. 2 bis 3 mm Durchmesser;*
- *6 oder 9 Ziegelsteine;*
- *eine flache Konservendose;*
- *etwas Alufolie.*

Ein ganz simples Räucherverfahren ist das Räuchern in einer Butterbrotdose aus Aluminium. Die gibt es in jedem Haushaltswarenladen oder in Geschäften für Campingausrüstung zu kaufen. Nun müssen Sie dafür nur noch einen kleinen Rost bauen. Besorgen Sie sich aus einer Schlosserwerkstatt zwei Alu-Winkelstücke in der Breite Ihrer Dose und mehrere Schweißdrähte vom gleichen Durchmesser wie bei der Räuchertonne. In die Winkelstücke werden Löcher in der Dicke der Schweißdrähte gebohrt. Der Draht wird je nach Größe der Dose zurecht gesägt und in die Löcher der Winkelstücke gesteckt.

Zum Räuchern streuen Sie nun Räuchermehl auf den Boden, decken diesen mit einem passenden Stück Alufolie ab und stellen die Winkel-Schweißdraht-Konstruktion darauf. Zum Erhitzen der Dose nehmen Sie am besten einen Spirituskocher.

Räuchern im Topf

Ebenso gut kann man zum Hobbyräuchern einen großen Topf oder einen ausgedienten Bräter mit einem Rost nehmen, der normalerweise zum Dämpfen verwendet wird. Solche Roste werden Sie unter Umständen in Ihrem Haushaltswarengeschäft zu kaufen bekommen, aber Sie können sich ihn auch selber bauen: Kaufen Sie sich im Malergeschäft ein Farbabstreichgitter aus Metall in der dem Topf oder dem Bräter passenden Größe. Kneifen Sie mit einer Zange an der oberen Seite links und rechts je ein Quadrat mit einer Seitenlänge von 5 cm heraus. Der überstehende Teil wird nach unten gebogen, ebenso wie die beiden Drahtstreifen, die normalerweise zum Einhängen des Gitters in den Farbeimer dienen. Sollte der Rost zu breit sein, müssen Sie ihn an beiden Seiten entsprechend der Topf- oder Brätergröße „zurechtstutzen".

Beim Räuchern verfahren Sie wie bei der Räuchertonne: Räuchermehl auf den Boden streuen, dann abdecken mit der Alufolie. Nun stellen Sie den Rost mit den zu räuchernden Stücken auf die Folie. Mit dem Deckel verschließen, und als Letztes zünden Sie den Brenner an.

Mit diesem Räucherofen können Sie sogar Aale räuchern. Das dreiteilige Gerät lässt sich leicht aufbauen, überall hinstellen und wird mit Holz beheizt. Die Kosten für ein solches noch relativ einfache Gerät liegen bei unter € 200.

Räuchern auf dem Grill

Ein amerikanischer Barbecuegrill lässt sich übrigens auch leicht zu einem „Räucherofen" umfunktionieren, den Sie mit handelsüblicher Holzkohle betreiben können. Bauen Sie eine Aufhängevorrichtung oder lassen Sie sich eine Schale aus Baustahl herstellen, in die Sie das Räuchergut einhängen können, und stellen Sie sie auf die Umrandung des Grills. Vorher decken Sie den Grill mit einem Rost ab. Darauf schichten Sie etwas größerer Kieselsteine, mit deren Hilfe Sie die Temperatur regeln können. Eine dünne Schicht lässt natürlich mehr Hitze und Rauch durch als eine dickere Schicht.

Räuchern im Spiritusgerät

Dieses kombinierte Grill-Räuchergerät bietet vielseitige Einsatzmöglichkeiten zu Preisen je nach Ausstattung von um € 100.

Eine preiswerte Alternative zu Räuchergeräten Marke Eigenbau sind Heißräuchergeräte, die aus Spiritusbrenner, Räuchermehlpfanne, Abdeckschale, einem Rost und dem Gehäuse bestehen. Das Räuchermehl wird in die Pfanne gestreut und erhitzt. Wenn es glimmt, legen Sie Gewürze oder Kräuter darauf. Um den Saft oder das Fett aufzufangen, setzen Sie die Abdeckschale ein, bevor Sie das Räuchergut auf dem eingeölten Rost darüber platzieren und das Gerät mit dem Deckel schließen. Räucherzeiten und -temperaturen sind in etwa mit denen der Tonne zu vergleichen.

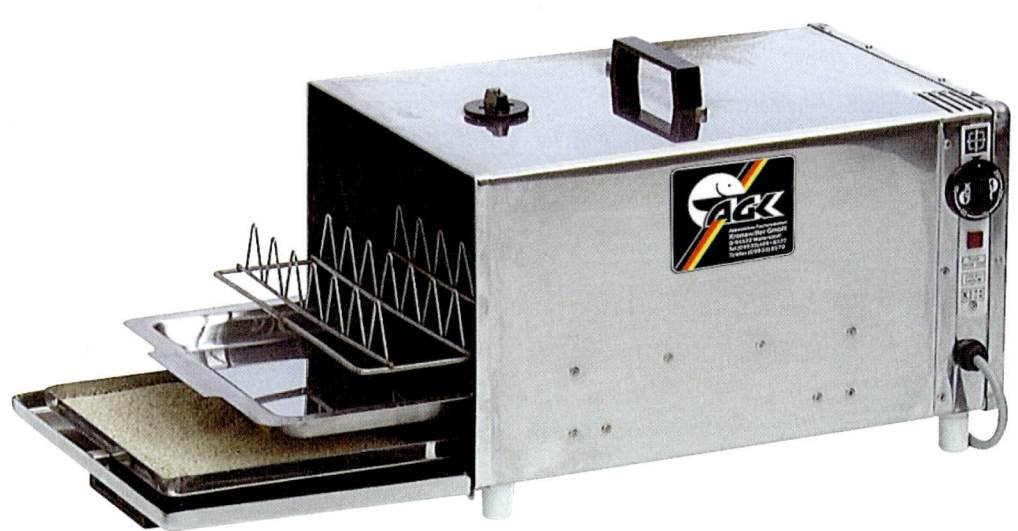

Räuchern mit dem elektrischen Räuchergerät

Ganz ohne Basteltricks und um Einiges komfortabler können Sie mit den modernen, elektrischen Heißräuchergeräten räuchern. Für den normalen Haushalt und den Bedarf zum Selbstverzehr im Familienkreis genügen durchaus die kleineren Geräte. Das Prinzip ist das Gleiche, ob mit Holz, Spiritus oder hier mit Hilfe von Heizstäben. Die Regulierung der Temperatur erfolgt über einen Thermostat, die der Garzeiten über eine Zeitschaltuhr. Zur Raucherzeugung verwenden Sie sehr fein gemahlenes Sägemehl, am besten Buchenholz.

Die Geräte werden vorgeheizt und die Räucherpfanne mit dem Sägemehl als Erstes zum Glimmen gebracht. Beginnt das Mehl zu duften, schieben Sie zunächst die Auffangschale und dann das eingölte Rost mit den zu räuchernden Fischen oder Fleischstücken hinein. Zum Schluss fügen Sie noch Gewürze oder Kräuter Ihrer Wahl der Räucherpfanne zu und stellen sie auf die Heizspirale. Das Ende des Räucherns kündigt Ihnen ein akustisches Signal der Zeitschaltuhr an.

Bereits ein elektrisches Gerät für etwa € 200 erfüllt alle Anforderungen für den Hobbyräucherer, und es hat den Vorzug, dass man zu keiner Zeit mit einer offenen Flamme arbeiten muss. Die Regulierung der Temperatur erfolgt gleichmäßig mit Hilfe eines eingebauten Thermostats.

Zugegeben – das elektrische Räuchergerät ist weniger zünftig, aber doch ziemlich praktisch. Es braucht nur eine Steckdose, die Räuchertemperatur ist immer exakt, braucht nicht überwacht zu werden, und Sie müssen nicht selbst für den Brennstoff sorgen.

Räuchern im Wok

Eine ganz einfache Methode ist das Räuchern im Wok. Dazu kleiden Sie den Wok mit Alufolie aus, streuen etwa 2 Esslöffel Räuchermehl und Kräuter oder Tee auf den Boden und erhitzen alles bei geschlossenem Deckel auf dem Herd bei mittlerer Hitze. Der Rosteinsatz wird mit Öl oder Butter bestrichen und das Räuchergut daraufgelegt. Sobald das Räuchermehl zu duften beginnt, setzen Sie den Rost hinein, verschließen den Wok wieder und räuchern das Gut so lange wie in den Tabellen auf Seite 72, 63 und 81 angegeben.

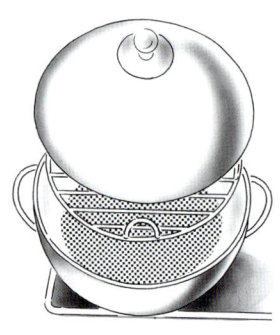

Räuchern im Wok

EINKAUFSLISTE FÜR DAS RÄUCHERHOBBY

- ☐ *Räucherofen, -schrank oder -kammer;*
- ☐ *Räuchermehl oder -späne;*
- ☐ *Kräuter und Gewürze;*
- ☐ *Heizmittel je nach Räuchergerät: Holz, Spiritus oder Brennpaste;*
- ☐ *Räucherthermometer mit Fühler;*
- ☐ *Thermometer zum Messen der Lakentemperatur beim Pökeln;*
- ☐ *Schneidebrett, scharfe Messer und eventuell eine Fleischgabel;*
- ☐ *Haken zum Aufhängen des Räucherguts;*
- ☐ *Küchengarn oder dünne Schnur aus Naturfasern;*
- ☐ *mehrere Schüsseln in verschiedenen Größen;*
- ☐ *Steingut- oder Holzfass fürs Pökeln;*
- ☐ *flache Kunststoffwanne zum Nasssalzen von Fisch.*

Räucherthermometer

Solche großen Elektro-Räucherschränke sind ideal für Fischer, Gastwirte – eben eher etwas für die Profis. Ein spezieller Rauchrohranschluss ermöglicht den Betrieb in geschlossenen Räumen. Ein nicht ganz preiswertes Vergnügen, Schränke mit einem Fassungsvermögen von 20 kg Fleisch oder 20 Fischen kosten knapp unter € 1000.

Räuchern wie die Profis

Wollen Sie in erster Linie Würste und Fleisch und dies auch noch in größeren Mengen räuchern, dann kommen Sie nicht um den Kauf eines Räucherschrankes herum. Adressen von Firmen, die solche Kalträucherschränke anbieten, finden Sie im Anhang. Für den Anglerverein lohnt sich eventuell auch der Bau eines Räucherofens oder sogar einer kleinen Räucherkammer.

Vor dem Räuchern

*Waschen,
Salzen,
Trocknen*

Eine unübertreffliche Delikatesse

Wer es einmal für sich entdeckt hat, wird vom Räuchern nicht mehr lassen wollen. Neben dem unübertrefflichen Geschmack der geräucherten Delikatessen ist es auch ein Erlebnis, wenn beispielsweise gerade noch blanke und gesäuberte Fische in der Tonne verschwinden, um nach kurzer Zeit herrlich goldbraun und verlockend serviert zu werden.

Bis dahin ist es aber noch ein kleiner Weg, denn die Vorbereitung des Räucherguts ist mindestens ebenso wichtig wie der Aufbau des Räuchergeräts oder die richtige Auswahl des Räuchermehls.

Das Salz in der Suppe

Der Trick mit dem Salz

Das Einsalzen oder Pökeln dient in erster Linie der Konservierung, aber außerdem einer nicht unerheblichen Geschmacksverbesserung des Räucherguts. Daneben gilt es, eine der wichtigsten Regeln beim Räuchern zu befolgen: Alles was Sie räuchern möchten, muss möglichst trocken in den Ofen kommen – und das erreichen Sie ebenfalls durch Einsalzen oder Pökeln. Beide Methoden folgen dem physikalischen Prinzip der *Osmose*: Legt man einen Fisch oder ein Stück Fleisch in eine salzige Lake, kommt es durch den Druckunterschied zu einem Austausch zwischen der Lake und dem Zellgewebe des Räucherguts. Das heißt, dem Zellgewebe wird Wasser entzogen und durch Salz ersetzt. Und was weniger Wasser enthält, wird trockener und dadurch haltbarer. Gleichzeitig tötet das Salz zersetzende Mirkoorganismen ab. Heute ist uns allerdings die Verbesserung des Aromas durch das Einsalzen meist wichtiger als die gesteigerte Lagerfähigkeit.

Osmose
Konzentrationsaustausch zweier verschieden starker Lösungen durch eine durchlässige oder halbdurchlässige Membran. Je nach Konzentrationsverhältnis entsteht auf einer Seite ein Überdruck

Pökeln

Gepökelt wird heute meist nur Fleisch und auch nur solches, das für die Kalt- oder Warmräucherei entsprechend vorbereitet werden muss. Dieses über mehrere Tage oder gar Wochen dauernde Räuchern bei niedrigen Temperaturen braucht „haltbar" gemachtes Räuchergut. In unseren Rezepten beschränken wir uns auf das für den Hobbyräucherer einfachere Heißräuchern und empfehlen Ihnen das Fleisch vor dem Trockenen und Räuchern nass einzusalzen oder aber auch in eine würzige Marinade zu legen. Vorschläge dazu finden Sie auf den Seiten 58. Tipps und Hinweise zum Pökeln geben wir auf Seite 57 bis 59.

Mit dem Sudmesser (oben) wird die Konzentration der Lake, in der das Räuchergut beim Nasssalzen eingelegt wird (rechts), gemessen.

Einsalzen

Das Einsalzen des Räucherguts ist vor allem beim Heißräuchern das Mittel der Wahl und garantiert eine Verbesserung des Aromas. Grundsätzlich unterscheidet man
zwischen dem Trockensalzen und dem Nasssalzen.

Das Trockensalzen …

… wird hauptsächlich bei Fischen angewendet. Der sauber vorbereitete Fisch wird innen und außen kräftig mit
Salz eingerieben und dann je nach Fischart und -größe
für einige Stunden in eine Wanne gelegt. Dieses trockene
Einsalzen führt jedoch oft zu ungleichmäßigen Salzkon-
zentrationen.

Das Nasssalzen …

… in einer ungesättigten Salzlake garantiert Ihnen ein
sehr gleichmäßiges Einsalzen. Das Verhältnis Räuchergut
zu Lake sollte mindestens 1:1, besser 1:1,5 betragen –
also beispielsweise etwa 1 kg Fisch in 1 bis 1,5 l Lake.
Eine ungesättigte Salzlösung erhalten Sie, wenn Sie je 1 l
Wasser 55 bis 66 g Kochsalz rechnen. Verwenden Sie die
Lake aus hygienischen Gründen immer nur einmal!

Das sauber vorbereitete Räuchergut wird hierbei für etwa
10 bis 12 Stunden in die Salzlösung gelegt, am besten in
einer flachen Kunststoffwanne. Fisch oder Fleisch müssen
vollständig von der Flüssigkeit bedeckt sein sowie ab und
an gewendet werden. Das Gefäß sollte dunkel und kühl
(etwa 10 bis 15 °C) stehen. Dieses Verfahren nennt man
folgerichtig Nasssalzen – es hat den Vorteil, dass das Räuchergut sehr gleichmäßig gesalzen wird.

TIPP

*Zur Geschmacks-
optimierung können
Sie der Salzlake
Kräuter und Gewürze
hinzufügen. Würzen
Sie mit Fingerspitzen-
gefühl, um nicht den
Eigengeschmack des
Fleisches oder der Fi-
sche zu übertönen.
Falls Sie die Gewürz-
teile bei der Weiter-
verarbeitung stören
sollten, können Sie
den Salzlaken-
Gewürz-Sud auch
abseihen.*

So bereiten Sie Fische für das Räuchern vor

Waschen und Ausnehmen

Wenn Sie tiefgekühlte Fische räuchern wollen, dann müssen Sie sie sofort nach dem Auftauen verwenden.

Die Fische sollten so frisch wie möglich sein, denn Fische minderer Qualität können niemals Räucherfisch guter Qualität ergeben. Die Fische werden an der Bauchseite mit einem Längsschnitt geöffnet und die Eingeweide in einem Stück herausgenommen, ohne diese dabei zu verletzen. Dann die Fische gründlich, am besten unter fließendem Wasser, waschen. Dabei müssen sie sorgfältig entblutet und entschleimt werden. Die Kiemen unbedingt herauslösen, da sie ein besonders guter Nährboden für Bakterien sind. Außerdem bluten sie häufig nach, wodurch es beim Räuchern zu hässlichen Streifen kommen kann

Vorbereiten von Fischen, die in Hälften geräuchert werden sollen

1. Den Fisch an der Basis der Rückenflosse bis auf den Rippenansatz einschneiden und den Schnitt zuerst bis zum Kopf führen.

2. Wieder an der Rückenflosse ansetzen und bis zum Schwanz schneiden. Am unteren Ende, unmittelbar über der Wirbelsäule den Schnitt bis zur Basis der Schwanzflosse führen und dann die Schwanzflosse teilen.

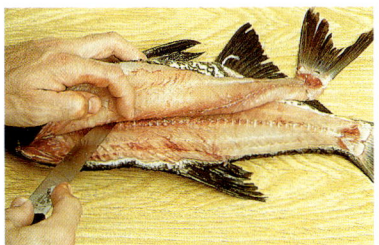 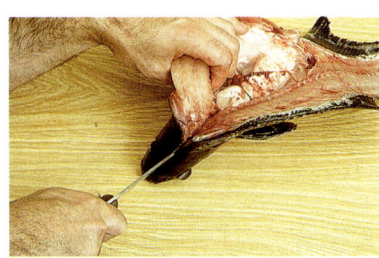

3. Die Rippen vorsichtig mit der Messerspitze durchtrennen. Vorsicht: Das Messer darf nicht zu tief eindringen, damit die Eingeweide, besonders Darm und Galle, nicht verletzt werden.

4. Der Kopf wird mit dem Messer, eventuell unter Zuhilfenahme eines Schlagholzes, gespalten. Dabei darauf achten, dass der Kopf an der Unterseite nur bis zum Ansatz der Kiemendeckel geteilt wird.

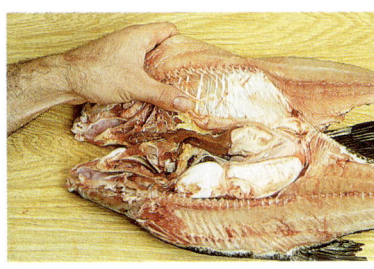 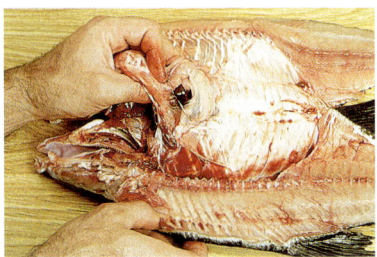

5. Die Fischhälften auseinander klappen und die Eingeweide mit der Hand vorsichtig herausziehen.

6. Die Kiemen mit den Fingern fassen und herausreißen. Anschließend die Fische sauber auswaschen.

Gewaschene Fischhälften von geflecktem Karpfen links und gefleckter Brasse rechts.

Gefleckt werden nur größere Fische. Ziel dieser Technik ist, eine gleichmäßigere Fleischdicke zu erreichen, wodurch die Dauer des Garens oder Räucherns erheblich verkürzt wird.

Vorbereitung größerer Fische, die in Teilstücken geräuchert werden sollen

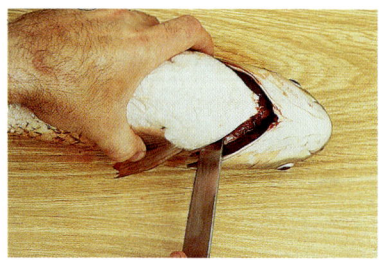

1. Trennen Sie den Kopf durch einen schrägen Einschnitt, der auf der Bauchseite am Hinterrand der Kiemen beginnt und bis zur Wirbelsäule geführt wird.

2. Die Wirbelsäule einschneiden und den Kopf abdrehen. Vorsicht: Greifen Sie nicht in die Kiemenöffnung, man kann sich an deren scharfen Rändern leicht verletzen.

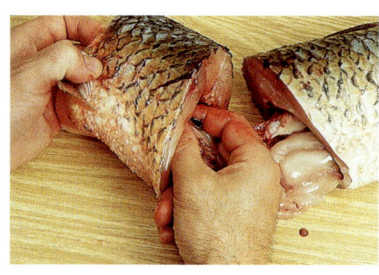

3. Nun wird der Fisch sorgfältig in Teilstücke geschnitten, wobei Sie die Darm und Gallenblase nicht verletzen.

4. Folgen Sie dem Verlauf der Rippen, wenn Sie die nächsten Teilstücke abtrennen.

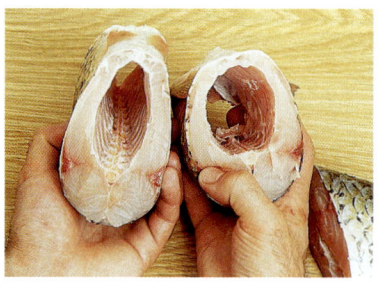

5. Lösen Sie die Eingeweide mit den Fingern vorsichtig aus den Teilstücken, und ziehen Sie sie heraus.

6. Alle Teilstücke gründlich waschen und darauf achten, dass sämtliche Reste der Innereien entfernt sind.

Nasssalzen von Fischen

1. Fügen Sie dem Wasser pro l 55 bis 66 g Kochsalz hinzu.

2. Lösen Sie das Salz vollständig im Wasser auf.

3. Zur Geschmacksverbesserung und damit das Fleisch feucht und zart bleibt, geben Sie noch den Saft von ½ Zitrone oder 2 Esslöffel Essig und Fischgewürz hinzu.

Wer den Geschmack des Fisches schätzt, wird ihn innen und außen kräftig mit Salz einreiben, denn nach dem Räuchern zu salzen, hat nicht die gleiche Wirkung.

Nasssalzen am Beispiel von Aalen und Forellen

1. Etwa 8 kg Aale und Forellen werden in eine Lake aus 8 l Wasser, in der 500 g Speisesalz aufgelöst sind, gelegt.

2. Die Pökeldauer beträgt etwa 12 Stunden. In dieser Zeit werden die Fische mehrmals gewendet.

Spülen und Trocknen

Nach dem Pökeln müssen die Fische unter fließendem Wasser gründlich abgespült werden. Sorgfältig auch noch eventuell anhaftende Blut- und Schleimreste entfernen. Danach werden die Fische mit Ausnahme von Aal, Aalmutter und Hornhecht sofort zum Trocknen aufgehängt oder auf ein Rost gelegt.

Für das Trocknen stehen Ihnen zwei Möglichkeiten zur Auswahl:

1. an der Luft,
2. im Ofen.

Gründliches Abspülen der Fische mit einer Handbrause.

Trocknen an der Luft

An der Luft dauert dieser Trockenprozess ungefähr ein bis zwei Stunden. Ideal ist hierfür ein Schattenplätzchen mit Windzug. Damit die Luft überall heran kann, legt man den Fisch auf einen Rost. Versuchen Sie aber nicht, die Sache zu beschleunigen, indem Sie das Räuchergut in die Sonne hängen – die geschmackliche Qualität würde darunter erheblich leiden.

Trocknen im Ofen

Variante zwei, das Trockenen der Fische im Ofen, beschreibt das so genannte **Heiß-Trocken-Räuchern** im Unterschied zum Heiß-Nass-Räuchern. Beim Heiß-Trocken-Räuchern hängen Sie den abgetrockneten aber noch feuchten Fisch in den kalten Ofen und trocknen ihn bei niedrigen Temperaturen bis höchstens 60 °C und nur leichter Rauchentwicklung. Achten Sie auf genügende Luftzirkulierung (Ofentür offen lassen). Zu hohe Anfangstemperaturen würden die Fische weich werden lassen, wodurch sie leicht auseinander und vom Haken fallen. Trocken sind die Fische nach etwa 30 bis 60 Minuten, sie sollten sich leicht ledrig anfühlen, nicht kleben – die Flossen sehen dann weiß aus.

Das **Heiß-Nass-Räuchern** wird nur bei Aal, Aalmutter oder Hornhechten angewendet. Diese Fische werden gleich zum Garen und Räuchern nass in den auf mindestens 90 °C vorgeheizten Ofen gehängt.

Würzen vor dem Trocknen ...

... kann den Fischen noch eine ganz besondere Note verleihen. Was Sie dazu nehmen, ist ganz Ihrem Geschmack und Ihrer Fantasie überlassen. Zu Weißfischen passt vieles, vor allem frischer Thymian, Salbei, Dill, Petersilie oder auch Basilikum. Nur Fische, die einen sehr starken Eigengeschmack haben, wie Aal und Karpfen, sollten Sie außer mit Salz und Pfeffer nicht noch zusätzlich würzen, da das ihr typisches Aroma überdecken könnte.

TIPP

Das Trocknen der Fische an der Luft darf niemals zum völligen Austrocknen der Haut führen. Die dann für den beim Räuchern entstehenden Wasserdampf undurchlässig gewordene Haut, lässt den Fisch breiig werden.

AM STÜCK ODER PORTIONSWEISE RÄUCHERN?

Aale sollte man in jedem Fall unzerteilt räuchern, wobei man jedoch darauf achten sollte, dass sie nicht länger sind, als die Höhe des Räuchergerätes misst.

Karpfen müssen, wenn sie besonders groß sind, in zwei Hälften getrennt werden, während **Forellen** auch in einem Stück geräuchert werden können. Sie sollten dabei aber nicht mehr als 300 g wiegen. Seefische wie **Kabeljau** und **Heilbutt** schneidet man vor dem Räuchern in etwa 2 bis 3 cm dicke Scheiben.

Aufhängen von Fischen, Fischhälften oder -scheiben

Achten Sie immer auf die richtige Aufhängung der Fische. Die Enttäuschung ist sonst groß, wenn die erwartete Delikatesse zerbröselt am Boden liegt. Sie können die Fische mit Räucherhaken, mit Hilfe von Stangen und mit Schnüren aufhängen.

Kehlhaken ...
... eignen sich für Aale und kleine Fische bis 200 g

TIPP

Beim Räuchern von Fischstücken, sollten Sie darauf achten, die Stücke mit Haut einzuhängen.
Die Gefahr, dass sie abfallen, ist sonst zu groß. Gut geeignet sind hierzu Kehlhaken.

1. Die beiden Spitzen werden gleich hinter dem Kopf von der Bauchseite her beidseitig der Wirbelsäule eingestochen.

2. Anschließend werden die beiden Spitzen durch die Außenhaut gestochen.

Doppelhaken ...

... eignen sich für Forellen und Fischstücke.

1. Zuerst wird das obere Ende des Hakens von der Bauchhöhle her durch das Maul geschoben.

2. Dann die beiden Spitzen links und rechts der Wirbelsäule so weit eindrücken, bis der senkrechte Draht auf der Wirbelsäule liegt.

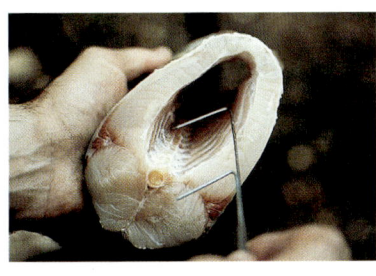

3. Bei Fischstücken wird der Doppelhaken in die Öffnung geführt und links und rechts der Wirbelsäule eingestochen.

S-Haken ...

... sind die gebräuchlichsten und eignen sich sowohl für alle Fische als auch für Fleischstücke.

Gleich welche Haken Sie einsetzen – sie sollten aus nichtrostendem Stahl oder aus Aluminium hergestellt sein.

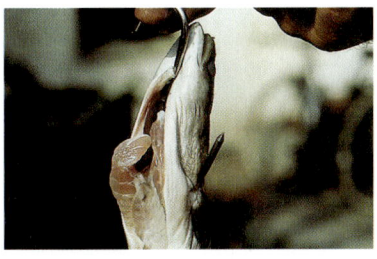

1. Der Haken wird mit dem spitzen Bogen direkt hinter dem Kopf von der Bauchseite her hinter der Wirbelsäule herum geführt.

2. Dabei wird die Außenhaut durchstoßen, dann hängt der Fisch richtig.

Spittstangen ...

... kann man sich sehr leicht aus Fahrradspeichen oder Schweißdrähten mit einer Stärke von 2 bis 3 mm selbst herstellen.

Die Enden werden zugespitzt, und die Fische direkt hinter dem Kopf neben der Wirbelsäule aufgespießt. Wer ganz sicher gehen will, nimmt zwei Spittstangen und sticht sie beidseitig der Wirbelsäule durch.

Eine der schnellsten und einfachsten Aufhängemethoden ist das Aufhängen per Schnüre – gerne eingesetzt bei Fischen, deren Kiemen nicht entfernt werden. Überkopf hängend, können sich am Körper keine „Blutstreifen" bilden.

Das Aufhängen mit Schnüren

Hierzu verwenden Sie bitte ausschließlich Schnüre aus Naturfasern. Eine Stärke von ungefähr 1 bis 2 mm ist ausreichend. Wir zeigen Ihnen hier den „Mastknoten":

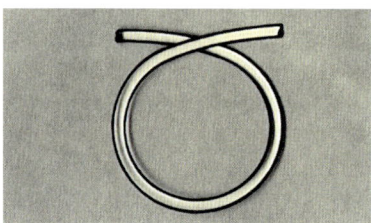

1. Die Schnur mit der linken Hand fassen und mit der rechten Hand ein Auge (eine Schlinge) bilden und festhalten.

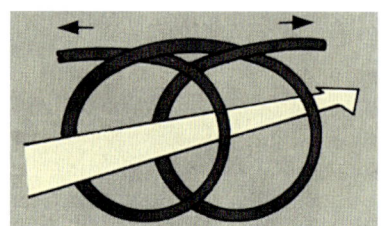

2. Mit der rechten Hand auf die gleiche Weise ein zweites Auge bilden und hinter das erste legen. Die Schwanzflossen in Pfeilrichtung durch beide Augen stecken und den Knoten zuziehen.

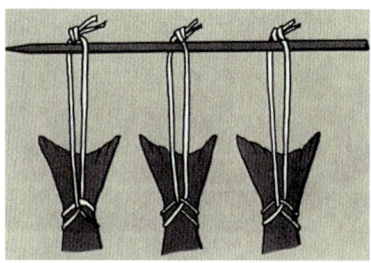

3. Nun beide Schnurenden fassen und etwa 10 cm oberhalb der Schwanzflosse verknoten. Mit dieser Schlaufe werden die Fische auf die Räucherspieße aufgereiht.

Auch Aale können mit einer Schnur zum Räuchern aufgehängt werden. Diese Schnur muß im Kopfbereich zweimal im Abstand von 5 cm fest verknotet werden.

Gar- und Färbephase

Das Räuchern selbst besteht aus zwei Phasen: dem Garvorgang, bei dem der Fisch bei etwa 90 bis 120 °C gegart wird, gefolgt von der eigentlichen Räucherphase, auch Färbephase genannt. In dieser Phase wird die Ofenhitze langsam auf um die 60 °C zurückgefahren, und der Fisch erhält unter starker Rauchentwicklung seine typische goldgelbe Färbung.

TIPP

Hängen Sie die Fische nicht zu dicht auf. Berührungsstellen geben weiße Flecken an den Fischen.

Richttemperaturen und -zeiten für Räucherfisch

Fischart	Trocknen	Garen	Räuchern/Färben
Weißfische Heiß-Trocken	im kalten Ofen etwa 30 Minuten bei maximal 60 °C	bei durchschnittlich 90 °C, kurzfristig auch 100 bis 120 °C, etwa 20 bis 60 Minuten	bei 50 bis 60 °C im Rauch für 45 Minuten bis zu 2 Stunden
Aal Heiß-Nass	–	nass im auf etwa 90 °C vorgeheizten Ofen für etwa 30 Minuten	bei 60 °C 1 bis 2 Stunden

TIPP

Tiefgefrorener Fisch nimmt die Salzlake besonders intensiv auf und ist nach dem Einsalzen deutlich brüchiger als frischer Fisch. Daher Vorsicht beim Aufhängen!

KANN MAN TIEFGEKÜHLTEN FISCH RÄUCHERN?

Dass der frisch gefangene und dann geräucherte Fisch eine besondere Delikatesse ist, steht außer Frage. Aber natürlich können Sie auch tiefgefrorene Fische räuchern. Wichtig ist hier, dass der Tiefkühlfisch möglichst schnell aufgetaut wird. Am einfachsten geht das, indem Sie den Fisch in einen Topf legen und – wie beim Kühlen von Getränken – ständig Wasser nachfließen lassen. Sobald der Fisch aufgetaut ist, was sich durch leichtes Biegen feststellen lässt, wird er gesalzen und zum Trocknen aufgehängt. Das Räuchern geht dann genauso wie bei frischem Fisch vor sich.

Ob der Fisch wirklich gar ist, können Sie übrigens leicht überprüfen: die Rückenflosse sollte sich dann leicht aus dem Fisch herausziehen lassen und das anhaftende Fleisch nicht mehr glasig sondern weiß aussehen.

Schollen im Rauch. Der schmackhafte Plattfisch ist zweifellos eine ganz besondere Delikatesse.

So bereiten Sie Fleisch und Geflügel für das Räuchern vor

Wie schon erwähnt, ist es heute nicht mehr nötig Fleisch, Wild oder auch Geflügel vor dem Räuchern tage- oder wochenlang zu pökeln, es sei denn, Sie möchten es konservieren. Trotzdem kann es auch für unsere Rezeptvorschläge, ähnlich wie beim Fisch, von Vorteil sein, das Fleisch oder das Geflügel zu pökeln, nass zu salzen oder auch für einige Stunden in eine würzige Marinade zu legen. Denn Rauch ist die eine Sache, das Salz oder die Marinade versprechen hingegen auf jeden Fall einen noch intensiveren und herzhafteren Geschmack.

Pökeln

Wollen Sie kalt- oder warmräuchern, müssen Sie pökeln, sonst wird Ihnen das Räuchergut bei den langen Räucherzeiten bei niedrigen Temperaturen unweigerlich verderben. Entsprechendes Pökelsalz erhalten Sie bei Ihrem Metzger. Reiben Sie die Räucherstücke mit dem Salz und eventuell noch mit einer Kräutermischung ein und lagern Sie es von der Pökellake völlig überdeckt in einem Steingut- oder Holzfass an einem kühlen, dunklen Ort. Die Pökeldauer ist unterschiedlich und hängt von Größe und Fettgehalt der Pökelstücke sowie der Lakenkonzentration ab. Den entstehenden Schaum schöpfen Sie am besten jeden Tag ab, um einer Fäulnis vorzubeugen.

Lakenkonzentration

Die Lake sollte etwa in einem Verhältnis von 100:11 angesetzt werden. Das bedeutet: in je 1 l Wasser werden 100 g Pökelsalz und 10 g Zucker gelöst. Selbstverständlich können Sie auch hier wieder Gewürze Ihrer Wahl hinzufügen. Man rechnet je Kilogramm Räuchergut mit 10 g Gewürzmischung – mehr sollten Sie nicht einsetzen.

TIPP

Setzen Sie der Lake Honig oder Zucker zu, damit das Fleisch zart und feucht bleibt.

Salzen und Marinieren

Für das Heißräuchern reicht das Einreiben mit Salz – also das Trockensalzen – oder wenn Sie eine gleichmäßige Salzung bevorzugen, das Nasssalzen, wie wir es Ihnen bei der Vorbereitung von Fischen beschrieben haben. Meist genügt das Einlegen über Nacht.

Eine schöne Alternative ist das Marinieren. Das geht meist schneller, und die geschmacklichen Resultate sind durchaus vergleichbar.

1. Das Räuchergut wird mit Salz und evtl. mit Gewürzen eingerieben.

2. Die Pökellake bzw. die Marinade wird angemischt.

WELCHE GEWÜRZE PASSEN ZUM PÖKELN?

- ❑ Pfeffer
- ❑ Kümmel
- ❑ Lorbeerblätter
- ❑ Koriander
- ❑ Majoran
- ❑ Wacholder-
  beeren
- ❑ Zwiebel
- ❑ Knoblauch
- ❑ Zucker
- ❑ Honig
- ❑ Essig
- ❑ Zitrone

3. Damit das Fleisch völlig von der Lake bedeckt ist, wird der Pökeltopf mit einem Brett abgedeckt und dieses mit einem Stein beschwert.

Abspülen und Trocknen

Selbstverständlich wird auch das gesalzene Fleisch oder Geflügel nach dem Salzen/Pökeln sorgfältig von der Lake befreit. Die gut abgewaschenen Räucherstücke werden gründlich abgetrocknet – Küchenkrepp leistet hier hervorragende Dienste – und am besten hängend an der Luft nachgetrocknet.

Pökelzeiten – Richtwerte	
Fleisch	**Pökelzeit**
Schwein	4 Tage je 500 g
Geflügel	2 bis 3 Tage je 500 g
Wild (nur Hochwild!)	einige Stunden

TIPP

Lake und Gewürzmischung vor dem Pökeln aufkochen - das tötet eventuelle Bakterien ab.

Umrötung
Die typische blassrote Färbung des Pökelfleisches entsteht durch den im Pökelsalz enthaltenen Salpeter sowie durch Kalium- und Natriumnitrate. Der komplizierte chemisch-enzymatische Prozess wird „Umrötung" genannt. Nicht lang genug gepökeltes Fleisch besitzt einen grauen Kern!

Grundrezepte
Geräuchertes von Fisch,
Fleisch und vielem mehr

Tipps für den Räucheranfang

Um Ihnen den Start zu erleichtern, geben wir Ihnen hier eine Anzahl von Grundrezepten, an denen Sie sich orientieren können. Die notierten Räucherzeiten können nur ein Annäherungswert sein, weil sie einerseits von Gerät zu Gerät leicht variieren und andererseits die Größenunterschiede des Räucherguts erheblich sein können. Selbstverständlich braucht ein großer dicker Fisch länger als ein kleines Fischchen. Dabei ist die Räuchertemperatur natürlich auch nicht ohne Einfluss. Geräte mit Thermostaten haben den Vorzug, dass sich die Temperatur leichter kontrollieren und regeln lässt. Bei einfacheren Geräten sind Sie auf das Beobachten des Räuchermehls, der Farbe des Rauches und des Räucherguts selbst als Richtschnur angewiesen. Eine Faustregel: Der Rauch sollte weiß und dicht bleiben – besonders bei der eigentlichen Räucher- oder Färbephase. Wird er blau, ist das ein sicheres Zeichen, dass nachgelegt werden muss.

Ein bunter Potpourri geräucherter Fischdelikatessen: Makrelen, Forellen, Bücklinge, Rollmöpse, Bundaale, Lachs und Schillerlocken.

Geräuchertes vom Fisch

Räucherrichtzeiten * für Fische im Heißräuchergerät	
Fischart	Räucherrichtzeit in Minuten
Matjesfilets	5 – 7
Sardinen und Heringe	20 – 30
Forellen, Saiblinge, Renken,Hecht, Zander	25 – 30
Schollen, Flundern, Makrelen,Brachsen	25 – 30
Hecht und Fischfilets	30 – 40
Lachsscheiben, Heilbutt- stücke, Rotbarsch, Kabeljau	20 – 30
Karpfenhälften	50 – 60
Aal	70 – 90
Garnelen	20 – 35

* Die tatsächlichen Räucherzeiten hängen von der Größe des Fisches ab.

Forellen, Saiblinge, Renken

Forellen, Saiblinge oder Renken in Portionsgrößen von etwa 300 g

Salzlake

Salz

Pfeffer

Für das Räuchermehl:

Wacholdermehl

Thymian, Majoran oder Rosmarin nach Wahl

etwas Öl zum Einfetten des Rosts

1. Die gesäuberten und ausgenommenen Fische für mindestens 6 Stunden nasssalzen.

2. Anschließend abspülen und abtrocknen.

3. Bevor es ans Räuchern geht, die Fische innen mit Salz und Pfeffer bestreuen, wobei gemahlener oder geschroteter Pfeffer verwendet werden kann. Die Fische in den Ofen hängen oder mit

der Bauchseite nach oben auf den eingeölten Rost legen.

4. Die Fische im Ofen bei 60 bis 70 °C etwa 30 Minuten lang trocknen.

5. Die Ofentemperatur auf 110 °C erhöhen (Kerntemperatur im Fisch liegt dann bei 60 °C) und die Fische 15 bis 20 Minuten garen. Deckel dabei nicht ganz schließen.

6. Die Hitze auf ungefähr 50 °C reduzieren und die Fische noch 45 Minuten räuchern. Nun den Deckel schließen, damit sich starker Rauch entwickelt.

7. Die Fische aus dem Ofen nehmen und abkühlen lassen.

Im Heißräuchergerät bei um die 180 °C verringert sich die Räucherzeit auf ungefähr 25 bis 30 Minuten bei Fischen von etwa 400 g.

VARIATION

Verfeinern Sie die normale Salzlake. Mischen Sie 1 l Wasser mit 150 g Salz, 2 Esslöffeln Zucker, dem Saft von 2 Zitronen und einem Hauch Muskat. Kochen Sie die Flüssigkeit auf und legen Sie den Fisch in der kalten Lake wie oben beschrieben ein.

Räucherforelle schmeckt am besten, wenn sie noch warm serviert und gegessen wird.

HERING IM SOMMER - SPROTTE IM WINTER

Neben den Heringen, die im Sommer die beste Qualität haben, werden in der Fischindustrie zahlreiche andere Seefischarten zu Räucherprodukten verarbeitet. Eine Spezialität sind beispielsweise geräucherte Ostseesprotten. Im Gegensatz zu den Heringen haben Sprotten die beste Qualität zum Räuchern in den Herbst- und Wintermonaten.

Heißgeräucherte Matjesfilets

Matjesfilets

Für das Räuchermehl:

Mischung aus Buchen- und Wacholdermehl (2:1)
---
1 EL Kräuter oder Gewürze Ihrer Wahl
---
etwas Öl zum Einfetten des Rosts
---

1. Die ausgenommenen Matjes werden mindestens 6 Stunden gewässert. Während dieser Zeit das Wasser mehrfach erneuern.

2. Die Fische abspülen, filetieren, abtrocknen und an der Luft 1 bis 2 Stunden trocknen lassen.

3. Die Filets mit der Innenseite nach oben auf den Rost legen und im auf 180 °C vorgeheizten Heißräuchergerät (dann ausschalten!) 5 Minuten im Rauch liegen lassen. Danach herausnehmen und abkühlen lassen.

Ab Ende Mai werden die wunderbaren Matjes gefangen, das sind junge, allerdings fettreiche Heringe.

Scholle, Flunder, Makrele, Brachse, Hecht, Zander

Scholle, Flunder, Makrele, Brachse, Hecht, Zander zu je 300-400g
---
Salzlake

Für das Räuchermehl:

Mischung aus Buchen- und Erlenmehl (1:1)
---
1 EL Kräuter Ihrer Wahl
---
etwas Öl zum Einfetten des Rosts
---

1. Die ausgenommenen Fische nach dem gründlichen Waschen 6 bis 8 Stunden nasssalzen.

2. Aus der Lake nehmen, trockentupfen, einige Stunden an der Luft trocknen lassen.

3. Die Fische flach auf den eingeölten Rost legen.

4. Etwa 20 bis 40 Minuten bei um die 120 °C garen, dann die Temperatur zurückfahren und noch für etwa 45 Minuten bei 50 °C im Rauch goldgelb färben.

5. Im Heißräuchergerät –
bei 180 °C – reduziert
sich die Gesamträucher-
zeit auf ungefähr 15 bis
20 Minuten.

Lachs, Heilbutt, Rotbarsch, Kabeljau

Lachs, Heilbutt, Rotbarsch
oder Kabeljau in Scheiben

Für das Räuchermehl:

Buchenmehl

Thymian

etwas Öl zum Einfetten
des Rosts

1. Den Rost mit Öl bestreichen und die Fischschei-
ben zum Räuchern dar-
auflegen.

2. Räuchermehl mit Thy-
mian mischen.

3. Im Heißräuchergerät die
Fischscheiben bei um die
180 °C etwa 20 Minuten
lang räuchern, bis der
Fisch einen goldbraunen
Farbton erhält.

Heringe mit Kräutern im Heißräuchergerät

6 grüne Heringe

2 EL geschroteter Pfeffer

1 Bund Petersilie

1 Bund Dill

Räuchermehl

etwas Öl zum Einfetten
des Rosts

1. Die Heringe ausnehmen,
schuppen und unter
fließendem Wasser
gründlich waschen.

*Heringe mit
Kräutern gefüllt*

2. Mit der Bauchseite auf den Räucherrost legen und dort an der Luft trocknen lassen.

3. Vor dem Räuchern die Kräuter in den Bauch der Fische legen.

4. Die Heringe mit der Bauchseite nach oben auf den vorher geölten Rost legen und etwa 15 Minuten bei 180 °C räuchern. Der Räuchervorgang macht aus grünen Heringen die berühmten Bücklinge.

Karpfen einmal anders – nicht nur als typisches Weihnachtsmenü. Dieser Süßwasserfisch schmeckt geräuchert bereits im Sommer.

Karpfen

Karpfen

Salz

Salzlake

Pfeffer

Für das Räuchermehl:

Wacholdermehl

Thymian, Majoran oder Rosmarin nach Wahl

etwas Öl zum Einfetten des Rosts

1. Den ausgenommenen Karpfen der Länge nach teilen, besonders große Fische werden in Querstücke geteilt.

HÄTTEN SIE'S GEWUSST?

Einige geräucherte Seefische haben lustige Namen, wie **Schillerlocken** *– das sind enthäutete und in Streifen geschnittene Stücke vom Dornhai –, weil sie angeblich an die Haarpracht des Dichters erinnern, oder* **Bückling** *– der geräucherte Hering – der durch seine Krümmung an einen dienernden Beamten erinnern soll. Oder irreführende Namen, zum Beispiel die geräucherten Rückenstücke des Dornhais kommen als* **Seeaal** *in den Handel. Vom Heringshai stammt der* **Kaibfisch**, *der meist in scheibenförmigen Stücken angeboten wird. Knorpelfreie, geräucherte Stücke vom Grauhai liefern den* **Speckfisch**.

2. Den Fisch außen mit Salz abreiben und unter fließendem kalten Wasser gründlich abwaschen.

3. Die Fischteile 6 bis 8 Stunden in eine Salzlake legen. Nach dem Herausnehmen abtrocknen und an der Luft trocknen lassen.

4. Die Innenseite des Fisches vor dem Räuchern nochmals mit Salz und Pfeffer einreiben und mit der Hautseite auf den Rost legen.

5. Im Heißräuchergerät ist der Karpfen bei 180 °C in 50 bis 60 Minuten gar.

*Für den Aal gilt eine eigene Räuchertechnik – das **Heiß-Nass-Räuchern**. Wer vorwiegend Aale räuchern will, sollte sich ein Räuchergerät anschaffen oder wie beschrieben eines bauen, das es ermöglicht, Aale hängend zu räuchern (siehe Seite 31).*

Aal

Aal
Salz
Salzlake
Pfeffer
Für das Räuchermehl:
Mischung aus Buchen-, Erlen- und Wacholdermehl (2:1:1)

1. Die ausgenommenen Aale mit Salz abreiben, um sie gründlich von dem anhaftenden Schleim zu befreien.

2. Kalt abwaschen und für 6 bis 8 Stunden in ein Salzlake legen.

3. Die Aale aus der Lake nehmen, mit warmem Wasser abspülen, etwas pfeffern und nass in den auf 100 °C vorgeheizten Räucherofen hängen.

4. Bei etwa 90 °C werden die Aale zwischen 20 und 40 Minuten gegart. Der Deckel sollte dabei nicht ganz geschlossen sein.

Aal ist sicher gegart, wenn sich die Bauchlappen öffnen und er hinter den Kiemen kleine Fältchen zieht.

5. Nun den Deckel schließen und die Aale 1 1/2 bis 2 Stunden räuchern bis sie goldgelb sind.

Garnelen im Wok räuchern

Garnelen
Für die Marinade:
fein gehackte Ingwerwurzel
2 EL Sherry
2 EL Sojasauce
4 EL Wasser
Salz
Für das Räuchermehl:
Räuchermehl nach Wahl
50 g Reis
30 g Rohrzucker
7 TL schwarzer Tee
Alufolie
etwas Öl zum Einfetten des Rosts

1. Die Zutaten für die Marinade in eine flache Schüssel geben und gut miteinander mischen.

2. Die Garnelen kalt abspülen, trockentupfen und 1 Stunde in die Marinade legen, ab und zu wenden.

3. Den Wok mit Alufolie auskleiden, 1 Esslöffel Räuchermehl hineingeben, erhitzen und nachdem die Mischung zu duften beginnt, Reis, Zucker und Tee zufügen.

4. Garnelen auf dem eingeölten Rost über die Reismischung setzen und den Wok mit dem Deckel verschließen.

5. Die Hitze auf Stufe I zurückschalten und die Garnelen 18 bis 20 Minuten räuchern.

ZUM RÄUCHERN GEEIGNETE FISCHE

Die gebräuchlichsten Räucherfischsorten sind Aal, Hering, Makrele, Heilbutt- und Kabeljaustücke und natürlich der Lachs. Aber auch Forelle, Scholle und Seezunge sind geräuchert eine Delikatesse.

So häuten Sie eine geräucherte Renke

Die Renke – auch unter dem Namen Fellchen oder Maräne bekannt – ist eine den Lachsfischen nahestehende Gattung und kommt vor allem in den sibirischen Strömen und in den Alpenseen vor.

1. Zuerst ziehen Sie die Rückenflosse heraus.

3. Dann werden die Brust- und die Bauchflosse herausgezogen.

2. Dann schneiden Sie mit einem scharfen Messer vom Spalt der Rückenflosse die Haut zunächst in Richtung Kopf auf. Nun das Messer wieder am Spalt ansetzen und in Richtung Schwanz schneiden.

4. Die Haut direkt hinter dem Kopf fassen und nach hinten abziehen. Eventuell mit einem kleinen Messer nachhelfen.

So filetieren Sie die Renke

1. Das Filet entlang der deutlich sichtbaren Mittellinie mit einem Messer einschneiden.

2. Das Rückenteil des Filets vorsichtig mit dem Messer leicht schräg nach hinten schieben.

TIPP

Filetieren Sie den Fisch, wenn er noch nicht völlig erkaltet ist. Ist der Fisch kalt und abgetrocknet, lassen sich die Gräten wesentlich schwerer entfernen.

3. Das Filetstück, das keine Gräten enthält, separat legen.

4. Das Bauchteil des Filets vorsichtig mit dem Messer von den Rippen lösen, ohne dass Gräten im Filet hängen bleiben.

5. Das Filet der unteren Körperseite unmittelbar hinter dem Kopf mit dem Messer festhalten.

6. Kopf fassen und mit dem Skelett nach hinten abziehen. Wo nötig mit dem Messer nachhelfen. Das Filet umdrehen. Vorsicht, es bricht sehr leicht. Die Haut am Kopfende fassen und nach hinten abziehen.

So filetieren Sie Räucheraal

Ganzer Aal

1. Mit einem scharfen Messer das Fleisch hinter den Brustflossen bis auf das Rückgrat einschneiden.

2. Dann das Messer über dem Rückgrat entlangführen und so beide Filets bis zum Schwanzende ablösen.

3. Die Rippen mit dem Messer abtrennen.

4. Die beiden Filets jetzt mit Hilfe eines Teelöffels am Schwanzende beginnend aus der Haut lösen.

Aalstücke

1. Um die Filets abzutrennen, führen Sie genau in der Rückenmitte einen Schnitt und trennen das rechte ...

2. ... und das linke Filetstück vom Rückgrat.

3. Die Filetstücke mit einer Gabel festhalten und die Rippen mit einem scharfen Messer abtrennen. Dann das Filet mit dem Messer aus der Haut schälen.

Bis der Aal in unseren Flüssen zum begehrten Speisefisch geworden ist, hat er bereits eine lange Reise (etwa 3 Jahre!) von seinem Geburtsort, den Laichplätzen der Aale im Sargassomeer, über den Atlantik bis in die europäischen Flüsse hinter sich gebracht.

Geräuchertes vom Fleisch und Wild

Schinken- und Wurstspezialitäten – fast jeder Landstrich hat seine eigenen und gut gehüteten Geheimrezepte entwickelt.

Räucherrichtzeiten * für Fleisch im Heißräuchergerät	
Fleischart	Räucherrichtzeit in Minuten
Schweinskotelett, Schweinenacken und Schweineschnitzel	20 – 25
Kotelettbraten	60
Bratwurst	10 – 15
Steak	10 – 15
Lammkoteletts	15 – 20
Lammschulter	45
Ochsenschwanz	30
Ochsenbeinscheibe	45
Reh- und Hirschfilets	25

* Die tatsächlichen Räucherzeiten hängen von der Größe des Räucherguts ab.

Schweineschnitzel

Schweineschnitzel

Salz

Pfeffer

Für das Räuchermehl:

Eschenmehl

1. Schnitzel abwaschen, trockentupfen und etwa 1 Stunde an der Luft trocknen.

2. Die Schnitzel salzen und pfeffern.

3. Das Fleisch auf Haken spießen, in die Räuchertonne hängen und für etwa 20 bis 25 Minuten räuchern.

Schweinskotelett, Schweinenacken

4 Schweinskoteletts je 150 g

Für die Marinade:

2 EL Sherryessig

3 EL Olivenöl

1 TL Honig

1 Stück Ingwer

2 Knoblauchzehen

Für das Räuchermehl:

Buchenmehl

Zimtstangen

zerdrückte Wacholderbeeren oder Koriander

Salz

schwarzer Pfeffer aus der Mühle

etwas Öl zum Einfetten des Rosts

1. Das Fleisch abwaschen und mit Küchenkrepp trockentupfen.

2. Essig, Öl und Honig mit dem sehr fein gewürfelten Ingwer mischen.

3. Koteletts mit je einer geschälten, schräg halbierten Knoblauchzehe einreiben. Danach großzügig mit der Marinade bestreichen, aufeinander legen, in Folie wickeln und mindestens 2 Stunden im Kühlschrank marinieren lassen.

4. Koteletts gründlich abtupfen und an der Luft nachtrocknen lassen.

5. Die Koteletts auf den geölten Rost legen und im Heißräuchergerät bei 200 °C ungefähr 20 Minuten räuchern.

6. Die fertig geräucherten, noch heißen Koteletts mit Salz und Pfeffer bestreuen.

Schweinebauch lässt sich hervorragend in den modernen Kleingeräten heißräuchern.

Geräucherter Schweinebauch

durchwachsener Schweinebauch

Für die Lake je kg Fleisch:

2 l Wasser

50 g Salz

50 g Zucker

½ TL Pfeffer

Für das Räuchermehl:

Buchenmehl

zerdrückte Wacholderbeeren

1. Den Schweinebauch in nicht zu dicke Scheiben schneiden.

2. Die Scheiben mit der Lake bedecken und über Nacht in den Kühlschrank stellen.

3. Das Fleisch abwaschen und vor dem Räuchern gut trocknen.

4. Die Schweinebauchstücke an Haken aufhängen und bei 90 °C zwischen 1 und 2 Stunden räuchern.

Kotelettbraten

2 kg Kotelettbraten
Für das Räuchermehl:
Buchenmehl
Zimtstangen
Wacholderbeeren oder
Koriander
etwas Öl zum Einfetten
des Rosts

1. Den Braten abwaschen, trockentupfen und etwa 2 Stunden, am besten hängend, trocknen lassen.

2. Im Heißräucherofen Räuchermehl und Gewürze zum Glimmen bringen.

3. Das Fleisch auf den Rost legen und bei 200 °C rund 60 Minuten lang räuchern lassen.

Bei solch einem Vorrat im Rauchfang kann einem vor dem Winter nicht Bange werden.

Bratwürste

frische Bratwürste

Für das Räuchermehl:

Buchenmehl

Thymian oder Rosmarin

etwas Öl zum Einfetten
des Rosts

1.Die trockenen Bratwürste auf den geölten Rost des Räuchergeräts legen.

2. Bratwürste auf dem Rost verteilen und bei 200 °C etwa 10 Minuten räuchern. Sie sind gleichzeitig gegart und lassen sich daher sofort warm oder auch kalt verzehren.

Ochsenschwanz

Ochsenschwanz, in Stücke
gehackt

Für das Räuchermehl:

Buchenmehl

Gewürze nach Wahl

etwas Öl zum Einfetten
des Rosts

1.Ochsenschwanz kalt abwaschen und von überflüssigem Fett befreien.

2.Trockentupfen und mindestens 2 Stunden an der Luft abtrocknen lassen.

3.Den Ochsenschwanz auf den gut geölten Rost legen und bei 200 °C für 30 Minuten im Rauch „angaren".

4.Da er jetzt noch nicht gar ist und sofort weiter verwendet werden muss, können Sie ihn beispielsweise schmoren oder als Eintopf mit verschiedenen Gemüsen kochen.

Ochsenbeinscheibe

Ochsenbeinstücke zu
400 – 500 g

Für das Räuchermehl:

Buchenmehl

1 EL Rosmarin

1 EL Thymian

etwas Öl zum Einfetten
des Rosts

1.Das Fleisch kalt abwaschen, trockentupfen und an der Luft etwa 2 Stunden nachtrocknen lassen.

2. Das Fleisch im Räuchergerät aufhängen oder auf einen eingeölten Rost legen.

3. Dem glimmenden Buchenmehl die Kräuter zufügen.

4. Das Fleisch bei 200 °C für 45 Minuten im Rauch angaren. Während dieser Zeit färbt sich das Beinfleisch dunkelrot und erhält den typischen, delikaten Rauchgeschmack.

5. Danach können Sie das noch nicht gare Fleisch zu Tellerfleisch (Zubereitung wie Tafelspitz) weiter verarbeiten oder mit diversen Gemüsen schmoren.

Rinderbrust, -schulter oder -bug

1 kg Rindfleisch
Für das Räuchermehl:
Buchenmehl
1 EL Thymian
1 EL Rosmarin
etwas Öl zum Einfetten des Rosts

1. Das Fleisch kalt abwaschen, trockentupfen und etwa 2 Stunden an der Luft nachtrocknen lassen.

2. Danach im Heißräuchergerät bei 200 °C für 60 Minuten räuchern.

3. Anschließend das noch nicht gare Fleisch zu Tafelspitz und ähnlichem weiter verarbeiten oder mit diversen Gemüsen schmoren.

Marinierte Lammkoteletts im Wok geräuchert

Lammkoteletts
Knoblauchzehen
2 EL Olivenöl
1 TL Rosmarin
Für das Räuchermehl:
Buchenmehl
1 EL Rosmarin
Alufolie
etwas Öl zum Einfetten des Rosts

1. Die Koteletts kalt waschen, mit Küchenkrepp abtrocknen und die Fettränder einschneiden.

TIPP

Braten Sie größere Fleischstücke vor dem Heißräuchern zum Porenschließen kurz in heißem Fett an.

2.Die geschälten Knob-
lauchzehen durch-
drücken, mit Olivenöl
und Rosmarin mischen
und die Koteletts damit
einreiben.

3.Die Koteletts aufeinan-
der legen, in Folie ein-
wickeln und mindestens
2 Stunden im Kühl-
schrank marinieren.

4.Einen Wok mit Alufolie
auskleiden. Im geschlos-
senen Topf 2 bis 3 Esslöffel Räuchermehl erhit-
zen, bis es angenehm zu
duften beginnt.

5.Dann 1 Esslöffel Rosma-
rin zufügen. Nun den
Rost einölen, die Kotletts
darauflegen und den
Rost über das Räucher-
mehl stellen.

6.Den Wok gut verschlie-
ßen und die Lammkote-
letts 15 Minuten bei mittlerer Hitze räuchern.

VARIATION

*Nehmen Sie an Stelle der
Lammkoteletts Lamm-
schulter. Die Räucherzeit
verlängert sich auf rund
45 Minuten.*

*Marinierte Lamm-
koteletts im Wok
geräuchert.*

Geräucherte Reh- oder Hirschfilets

Reh- oder Hirschfilets
Für das Räuchermehl:
Buchen- und Wacholder-mehl (1:2)
zerstoßene Wacholderbeeren
zerbröselte Lorbeerblätter

1. Die Filets waschen, trockentupfen und an der Luft etwa 1 Stunde hängend trocknen lassen.

2. Räuchermehl im Heißräuchergerät erhitzen und Wacholderbeeren und Lorbeerblätter hinzufügen.

3. Die Filets bei 200 °C etwa 25 Minuten räuchern.

Wacholder-geräuchertes (kaltgeräuchert)

Fleisch nach Wahl
Für die Lake je 1 kg Fleisch:
50 g Salz
1 g Salpeter
10 g Zucker
1 Knoblauchzehe
10 g gestoßene Wacholder-beeren
Für das Räuchermehl:
Wacholderräuchermehl

1. Das gewaschene und abgetrocknete Fleisch mit der Knoblauchzehe einreiben.

2. Das Fleisch für 3 bis 4 Wochen geschichtet ins Pökelfass geben.

3. Nach dem Pökeln die Fleischstücke abwaschen und gut trocknen lassen.

4. Das gepökelte Fleisch 3 bis 4 Wochen im kalten Rauch mit Wacholderbeerenmehl räuchern.

Wacholdergeräucherter Schinken braucht zwar seine Zeit – ist aber eine unübertreffliche Delikatesse.

Geräuchertes vom Geflügel

In solch großen Räucherschränken lassen sich gleich mehrere Roste mit Putenbrüsten in einem Räuchergang räuchern.

Räucherrichtzeiten* für Geflügel im Heißräuchergerät	
Fleischart	Räucherrichtzeit in Minuten
Hähnchenbrust und Hähnchenkeulen	25 – 30
ganze Enten	60 – 90
Entenbrust und Entenkeulen	30 – 35
Putenbrust und Putenkeulen	45 – 60
Putensteaks	30
ganze Gänse	90 – 120
Gänsebrust und Gänsekeulen	60

* Die tatsächlichen Räucherzeiten hängen von der Größe des Räucherguts ab.

Hähnchenbrust, Hähnchenteile

Hähnchenteile
a) mediterranée, b) asiatisch

Für die Marinade:

a) Olivenöl

Zitrone

Knoblauch

Thymian

Basilikum

b) Soyasauce

Sonnenblumenöl

Reiswein

Sternanis

Für das Räuchermehl:

Buchen- oder Eschenmehl

a) Kräuter der Provence

1. Die Hähnchenteile gründlich waschen und gut mit Küchenpapier abtrocknen.

2. Für die Marinaden die entsprechenden Zutaten mischen und die Hähnchenteile im Kühlschrank mindestens für 6 Stunden darin marinieren.

3. Das Geflügel abwaschen und hängend trocknen lassen.

4. Kräuter Ihrer Wahl auf das Räuchermehl geben und das Geflügel bei 160 °C etwa 30 Minuten räuchern.

TIPP

Geflügelteile beim Räuchern auf einem Rost immer mit der Hautseite auf das Gitter legen.

Putenbrust und Putenkeulen

Putenfleisch

Für die Marinade:
---
2 TL Honig
---
2 EL Sojasauce
---
2 EL Sherry
---
2 EL Sonnenblumenöl
---
1 Knoblauchzehe

Salz, schwarzer Pfeffer
aus der Mühle

Für das Räuchermehl:

Buchenmehl

Thymian

Rosmarin
---
etwas Öl zum Einfetten
des Rosts
---

1. Die Putenstücke waschen und trockentupfen.

2. Honig, Sojasauce, Sherry, Öl und Knoblauch verrühren, pfeffern und salzen und die Putenteile rundherum bestreichen.

3. Das Geflügel in Klarsichtfolie wickeln und im Kühlschrank mindestens 2 Stunden marinieren lassen.

4. Danach gut abtupfen und hängend trocknen lassen.

VARIATION

Legen Sie das mit Salz, Pfeffer und Zitrone eingeriebene Putenfleisch in eine Marinade aus Rotwein, Zwiebeln und Petersilie.

5. Die Geflügelteile mit der Hautseite nach unten auf den geölten Rost legen und bei 160 °C zwischen 45 bis 60 Minuten räuchern.

Gepökelte ganze Enten oder Gänse räuchern

---
1 Ente oder 1 kleine Gans
ca. 2 ½ kg

Für die Lake:
---
2 Möhren
---
1 Stange Lauch
---
2 Stangen Sellerie
---
3 Zwiebeln
---
5 Wacholderbeeren
---
10 weiße Pfefferkörner
---
1 Lorbeerblatt,
Pökelsalz (100 g pro l Wasser)

Für das Räuchermehl:

Buchenmehl
---
1 EL schwarzer Tee

Zimtstangen

Wacholderbeeren
---
oder Rosmarin und Thymian

Alufolie
---
etwas Öl zum Einfetten
des Rosts
---

1. Ente oder Gans innen und außen gründlich waschen und in ein tiefes Gefäß legen.

2.Möhren, Lauch und Sellerie waschen, putzen, grob zerschneiden und hinzufügen.

3.Eine ungeschälte Zwiebel in 3 bis 4 Ringe schneiden und auf der heißen Herdplatte (mit Alufolie darunter) rösten, bis die Schnittflächen fast schwarz sind.

4.Mit Wacholderbeeren, Pfefferkörnern und Lorbeerblättern zu Ente oder Gans geben und alles völlig mit der Pökellake (die Menge von Pökelsalz und Wasser richtet sich nach der Topfgröße) bedecken. Die Ente oder Gans 8 Tage im Kühlschrank pökeln.

5.Das Geflügel abwaschen, trockenreiben und hängend mit der Öffnung nach unten 3 Stunden trocknen lassen.

6.Die Ente oder Gans auf den gut geölten Rost legen, über und bei 200 °C ungefähr 60 Minuten räuchern.

Gepökelte Entenbrust im Wok geräuchert

Entenbrust
6 g Pökelsalz
Für das Räuchermehl:
Eschenmehl
2 TL Teeblätter
1 Zimtstange
etwas Öl zum Einfetten des Rosts

1 Die Entenbrust mit dem Pökelsalz einreiben und über Nacht in den Kühlschrank stellen.

2.Teeblätter in einem Wok erhitzen, Gitter darüberlegen, die Entenbrust auf das Gitter legen und zugedeckt 15 Minuten bei mittlerer Hitze räuchern.

3.Die geräucherte Entenbrust herausnehmen und die Haut rautenförmig einschneiden.

TIPP

Selten zu bekommen, doch nichtsdestotrotz eine kleine Köstlichkeit sind Wachteln. Auch sie lassen sich durch das Räuchern noch verfeinern. Vorbereitung und Räucherzeit sind mit denen für Hähnchen identisch.

Kleine Räucherspezialitäten

Nicht nur Fisch, Fleisch und Geflügel sind geräuchert ein besonderer Genuss. Auch der Geschmack von Nüssen, Eiern und Käse lässt sich auf diese Weise wunderbar verfeinern. Hier einige Schmankerl, die sich leicht herstellen lassen und sich – schön verpackt – gut als Mitbringsel zur Party oder zum Picknick eignen.

Räuchereier

1. Eier hart kochen, abkühlen lassen und schälen.

2. Dann etwa 10 bis 12 Minuten auf dem Rost im Rauch lassen.

3. Entweder sofort servieren oder – in einer Klarsichthülle verpackt – verschenken.

Räuchernüsse, Räuchermandeln

1. Die geschälten Nüsse (Walnüsse, Haselnüsse Cashew-Kerne etc.) oder Mandeln auf einen Teller aus fester Alufolie legen und salzen.

2. Auf den Rost stellen und für etwa 3 Stunden dem Rauch aussetzen.

3. Abkühlen lassen, und anschließend aromadicht, zum Beispiel in Schraubgläsern, aufheben.

Räucherkäse

1. Den Käse (am besten Gouda, Edamer, Cheddar) in 2 cm dicke Scheiben schneiden.

2. Den Rost mit Alufolie abdecken.

3. Die Käsestücke daraufgen und etwa 60 Minuten räuchern.

TIPP

Auch einfache Blut-, Leber- oder Brühwürste lassen sich, immer vorausgesetzt sie wurden in Naturdarm gefüllt, durch kurzes Räuchern zu besonderen Delikatessen schnell „veredeln". Probieren Sie es aus.

Der aus Italien stammende Provolone ist eine wohl schmeckende Räucherspezialität

4. Noch warm gegessen, schmeckt der schmelzende Käse dann besonders gut zu Pellkartoffeln. Man kann ihn aber auch erkalten lassen und mit einem frischen Brot genießen.

2. Anschließend mit grob gemahlenem, in einer Pfanne angeröstetem Pfeffer vermischen. Das Ergebnis ist ein besonders gutes Gewürz für gebratenes Fleisch oder deftige Eintöpfe.

Räuchersalz

1. Salz in eine Aluschale füllen und auf dem Rost etwa 30 Minuten räuchern, bis es leicht bräunlich wird.

Räucherkartoffeln

1. Mehlige Kartoffeln waschen und salzen.

2. Auf einen Rost legen, oder aufspießen, und bei 180 °C etwa 50 Minuten räuchern.

Räucherfehler – und was Sie dagegen tun können

Situation	mögliche Ursache	Hilfe
zu wenig Rauch, das Räuchermehl brennt nicht richtig durch	❑ zu geringe Sauerstoff-zufuhr ❑ Räuchermehl nass oder feucht	❑ für Belüftung sorgen ❑ trockenes Räucher-mehl verwenden
zu viel Rauch, Räucher-mehl brennt	❑ Sauerstoffzufuhr zu hoch ❑ Räuchermehl zu trocken	❑ Belüftung drosseln ❑ Räuchermehl anfeuchten
Räuchergut zu trocken	❑ Räuchertemperatur zu hoch	❑ Räucher- und/oder Gar-temperaturen drosseln
Räuchergut schmeckt bitter	❑ Rindenanteil im Räuchermehl ist zu hoch ❑ Ablagerungen an den Wänden des Räucher-ofens	❑ auf geringen Rinden-anteil im Räuchermehl achten ❑ alle 3 bis 4 Räucher-gänge Ofenwände säubern
Räuchergut ist verbrannt	❑ abtropfendes Fett konnte in die Glut gera-ten und ist verbrannt	❑ Auffangschale oder Alufolie über das Räuchermehl setzen
Räucherware schimmelt	❑ nicht genügend gepökelt ❑ Fehler in der Wurst-herstellung ❑ nicht genügend geräuchert ❑ zu geringe Belüftung während des Räucherns ❑ Räuchergut berührte sich oder den Räucher-ofen während des Räucherns	❑ Räucherware ab-waschen und nach-räuchern ❑ abwaschen, nach-räuchern und schnell verbrauchen ❑ für genügend Sauer-stoff sorgen ❑ auf genügend Abstand zwischen den Räucher-stücken und zu Wän-den, Decke und Boden des Ofens achten

Situation	mögliche Ursache	Hilfe
Räucherware schimmelt	☐ Kochschinken nicht genügend vorgegart	☐ länger garen
	☐ zu hohe Temperaturen beim Kalträuchern	☐ Räuchertemperaturen zwischen 15 und 25 °C nicht überschreiten
	☐ Räuchergut nicht genügend vorge-trocknet	☐ darauf achten, dass das Räuchergut nur in abso-lut trockenem Zustand in den Räucherofen kommt; Ausnahmen: Heiß-Trocken-Räuchern von Weißfischen und Heiß-Nass-Räuchern von Aal, Aalmutter und Hornhecht
Räuchergut fleckig oder partiell nicht gar	☐ Räuchergut zu eng nebeneinander aufge-hängt oder -gelegt	☐ beim Aufhängen bzw. Auflegen darauf achten, dass sich das Räucher-gut nicht berührt; unter Umständen nachräuchern
Verfärbung und Flecken bei Würsten	☐ ausschwitzen von Fett und Wasser durch zu schnell zu hohe Räu-chertemperaturen	☐ Räuchertemperaturen nicht über 45 °C wählen
Fleisch hat einen grauen Kern	☐ nicht ausreichend lang gepökelt	☐ Pökelzeiten einhalten, Lakenkonzentration überprüfen
Fische fallen ab	☐ Fehler beim Aufhängen	☐ Haken überprüfen, in Haut und Fleisch stecken;
		☐ Schlingtechnik über-prüfen
	☐ Gewicht der Fische zu hoch	☐ kleinere Portionen aufhängen

Situation	mögliche Ursache	Hilfe
Fische fallen ab	☐ Fische zu trocken ☐ zu schnelle Erwärmung des Ofens, die Fische werden breiig, fallen auseinander	☐ Temperatur beim Heiß-Trocken-Räuchern zunächst auf 60 bis 70 °C, bis die Fische trocken sind (Haut ledrig, Flossen werden weiß), erst dann bei etwa 100 °C garen
	☐ der Fisch war tiefgefroren	☐ tiefgefrorener Fisch ist deutlich weniger „fest" als frisch geschlachteter, beim Aufhängen entsprechend vorsichtig behandeln
Bauchlappen der Fische rollen sich nach innen	☐ Gartemperatur zu gering	☐ höhere Gartemperatur, damit die Fische auch im Bereich der dickeren Rückenmuskulatur gar werden
Haut am Rücken oder am Schwanz aufgeplatzt	☐ Gartemperatur zu hoch	☐ Gartemperatur drosseln
Bei Aalen: Fett flüssig und im Schwanzbereich angesammelt = Geleeschwanz	☐ Temperatur während der eigentlichen Räucherphase zu hoch	☐ Temperatur in der Räucherphase herunterfahren auf 50 bis 60 °C
geräucherter Fisch lässt sich nicht entgräten bzw. enthäuten	☐ Gesamtgar- und -räucherzeit zu lange, dadurch ausgetrocknet	☐ Fische nie zu lange im Ofen lassen, Räuchertemperatur nicht zu hoch wählen
geräucherter Fisch zerbröselt	☐ solange geräucherte Fische nicht vollständig abgekühlt sind, sind sie weich und zerbrechen leicht	☐ langsam abkühlen lassen, vorsichtig von Haken oder Spittstangen lösen, Fische nicht aufeinander legen
geräucherter Fisch hat dunkle Flecken oder Streifen	☐ ungenügend gesäubert, Reste von Blut und Schleim auf der Haut	☐ gründliches Entfernen von Schleim und Blutresten, ansonsten eher ein „Schönheitsfehler"

Rezepte
Köstliches mit geräucherten Zutaten

Salate und Vorspeisen

Bohnen-Räucher-fisch-Salat

Je 100 g weiße, schwarze
und Azukibohnen

2 l Wasser

1 Lorbeerblatt

2 EL Gemüsefond
(aus dem Glas)

500 g grüne Bohnen

2 rote Zwiebeln

2 weiße Zwiebeln

500 g grüne Paprikaschoten

500 g Schillerlocken

4 EL Sonnenblumenöl

6 EL Apfelessig

2 TL Paprikapulver

2 TL Kräuter der Provençe

3 EL gehackte Petersilie

Salz, Pfeffer aus der Mühle

1. Die Bohnenkerne über Nacht im Wasser quellen lassen. Abgießen und in 1 l frischem Wasser mit dem Lorbeerblatt und dem Gemüsefond 10 Minuten kochen.

2. Die grünen Bohnen waschen und abtropfen lassen. Die Enden entfernen und die Bohnen, in etwa 3 cm lange Stücke schneiden und mit den Bohnenkernen weitere 30 Minuten köcheln. Danach alles in einem Sieb abtropfen lassen.

3. In der Zwischenzeit die Zwiebeln schälen und in feine Ringe schneiden. Die Paprika halbieren, Kerngehäuse entfernen, waschen und in schmale Streifen schneiden. Die Schillerlocken in dicke Scheiben schneiden.

4. Aus Öl, Apfelessig, Paprikapulver, Kräutern, Salz und Pfeffer eine Marinade rühren. Das vorbereitete Gemüse, die Bohnen und den Fisch in einer Schüssel mischen und mit der Marinade beträufeln, mit Petersilie bestreuen und 30 Minuten ziehen lassen.

Vorbereitungszeit:
    ca.12 Stunden
Zubereitungszeit:
    ca. 20 Minuten
Kochzeit:
    40 Minuten
Zeit zum Durchziehen:
    ca. 30 Minuten

TIPP

Alle Rezepte sind
für vier Personen
berechnet.

Forellenmousse auf Salat

300 g geräuchertes Forellenfilet
1 Eigelb
100 g Mascarpone
Salz, weißer Pfeffer aus der Mühle
1 Prise Cayennepfeffer
Zitronensaft
1 Bund Dill
1 Eiweiß
1 kleiner Lollo Rosso
2 EL Sherryessig
1 EL Sonnenblumenöl

Die Forelle, einst ein Festtagsfisch, ist heute einer der beliebtesten Räucherfische.

1. Vom Forellenfilet Haut und Gräten entfernen. Das Filet in Stücke teilen und mit Eigelb und Mascarpone im Mixer pürieren. Mit Salz, Pfeffer, Cayennepfeffer kräftig würzen und mit etwas Zitronensaft pikant abschmecken.

2. Den Dill abbrausen, trockentupfen und fein hacken. Das Eiweiß zu steifem Schnee schlagen und mit dem Dill unter das Forellenpüree mischen. Für 15 Minuten ins Gefrierfach stellen.

3. Inzwischen den Lollo Rosso putzen, waschen und trockenschleudern. Den Sherryessig mit Salz verrühren, bis es sich aufgelöst hat. Pfeffer zufügen und das Öl dazulaufen lassen. Dabei kräftig mit dem Schneebesen schlagen, bis eine cremige Sauce entstanden ist. Den Lollo Rosso darin wenden und auf die Teller verteilen.

4. Zwei Esslöffel in Wasser tauchen, von der Forellenmousse pro Portion zwei Nocken abstechen und neben den Salat setzen.

Zubereitungszeit:
  ca. 35 Minuten
Zeit im Gefrierfach:
  ca. 15 Minuten

TIPP

Die Mousse schmeckt übrigens auch mit Lachs sehr gut, aber probieren Sie sie mal mit geräucherter Hähnchenbrust statt Forelle. Reichen Sie getoastetes Graubrot und Butter als Beilage.

Die Räucheraal-Sülze ist zwar etwas arbeitsintensiv – Ihre Gäste werden jedoch sicher begeistert sein.

Räucheraal-Sülze

700 g Räucheraal
250 g Salatgurke
1 unbehandelte Zitrone
200 g Cocktailtomaten
2 Zweige Dill
2 Zweige Petersilie
400 ml Fischfond
(aus dem Glas)
6 Blatt weiße Gelatine
4 cl trockener Vermouth
Salz, Pfeffer aus der Mühle

1. Den Aal häuten und von Gräten befreien. Das Fischfilet in etwa 3 cm lange Stücke schneiden.

2. Die Salatgurke waschen, trockenreiben und in 3 mm dicke Scheiben schneiden. Diese Scheiben vierteln. Die Zitrone so schälen, dass die weiße Schale mit entfernt wird. Dann die Filets vorsichtig aus den Häutchen lösen und mit einem scharfen Messer vierteln. Tomaten waschen und halbieren.

3. Die Gelatine in kaltem Wasser einweichen, ausdrücken und im Wasserbad auflösen. Mit 4 Esslöffel Fischfond verrüh-

ren, dann den restlichen Fond und den Vermouth einrühren. Mit Salz und Pfeffer würzen.

4. Eine Kastenform kalt ausspülen, dann den Boden 0,5 cm hoch mit Fischfond bedecken und im Gefrierfach erstarren lassen.

5. Dillzweige und Petersilie waschen, trockenschütteln und grob hacken. Den erstarrten Fischfond aus dem Kühlschrank nehmen und etwas Dill und Petersilie darüber streuen, mit etwas Fond beträufeln und wieder fest werden lassen.

6. Nun die Hälfte von Fisch, Gurke, Zitronenschnitze, Tomaten und Kräuter darauf verteilen. Wieder mit Fond bedecken und erkalten lassen. Schließlich die restlichen Zutaten einschichten und mit Fond bedecken. Im Kühlschrank wieder fest werden lassen. Vor dem Servieren die Form kurz in heißes Wasser tauchen, stürzen und in Scheiben schneiden.

TIPP

Die Räucheraal-Sülze ist ein sehr attraktives Gericht und eignet sich deshalb gut für ein Party-Buffet.

Zubereitungszeit:
   ca. 2 Stunden
Zeit im Kühlschrank nach dem letzten Einschichten:
   ca. 2 Stunden

Schillerlocken mit Birnen

400 g Schillerlocken
2 Chicorée
1 Bund Brunnenkresse
2 Frühlingszwiebeln
8 Cocktailtomaten
2 Birnen
3 Zweige Majoran
30 g Walnusskerne
Für die Vinaigrette:
3 EL Weißweinessig
4 EL Weißwein
1 TL Senf
4 EL Traubenkernöl
1 EL Walnussöl
Salz, Pfeffer aus der Mühle

1. Den Chicorée waschen, trockentupfen, halbieren und den harten Strunk keilförmig herausschneiden. Die Hälfte des Chicorées quer in breite Streifen schneiden.

2.Brunnenkresse waschen und trockenschleudern. Die Frühlingszwiebeln ebenfalls waschen, trockentupfen und die Enden entfernen. Die Zwiebeln in feine Ringe schneiden. Die Tomaten waschen und vierteln.

3.Die Schillerlocken in feine Scheiben schneiden und die gewaschenen Birnen trockenreiben, schälen, vierteln und das Kerngehäuse entfernen. Jede Birne längs in feine Scheiben schneiden.

4.Majoran waschen, trockenschütteln und die Blättchen abzupfen. Walnüsse grob hacken.

5.Chicorée, Brunnenkresse, Schillerlocken, Birnen, Zwiebeln und Tomaten auf Tellern verteilen und mit den Nüssen bestreuen. Aus Essig, Weißwein, Senf, Traubenkernöl, Walnussöl, Salz und Pfeffer eine Sauce rühren und darüber träufeln.

Zubereitungszeit:
  ca. 20 Minuten

TIPP

Wer keine Schillerlocken mag, kann sie gegen geräucherte Forelle oder auch gegen ausgelassenen Räucherspeck austauschen.

Schillerlocken
mit Birnen

*Lachs auf
Blumenkohl*

Lachs auf Blumenkohl

1 kleiner Blumenkohl
Salz
Saft einer Zitrone
2 EL Weinessig
6 EL Maiskeimöl
¼ TL Senf
1 Prise gemahlener Piment
1 Prise gemahlener Koriander
1 Bund Schnittlauch
½ Kopf Lollo Rosso
200 g Räucherlachs in Scheiben

TIPP

Verwenden Sie statt Blumenkohl Brok-koli, das macht das Ganze etwas far-benfroher.
Wem Lachs zu teuer ist, der kann auch einen anderen Fisch nehmen.

1. Den Blumenkohl putzen, waschen und trockentup-fen. In Röschen zerteilen und diese in Scheiben schneiden.

2. Salzwasser mit dem Zi-tronensaft zum Kochen bringen und den Blu-menkohl 3 Minuten blanchieren, kalt ab-schrecken und abtropfen lassen.

3. Schnittlauch waschen, trockenschütteln und in feine Röllchen schneiden. Essig, Öl, Senf, Piment und Koriander zu einer Sauce verrühren und den Schnittlauch unterrühren.

4. Den Salat waschen, in Blätter zerteilen, trockenschleudern und klein zupfen. Mit den Lachsscheiben und dem Blumenkohl auf Tellern anrichten und mit der Marinade beträufeln. Zum Schluß mit Schnittlauchröllchen garnieren.

Zubereitungszeit:
  ca. 25 Minuten

Räucherforelle auf Früchten

50 g Haselnussblättchen
2 süße Orangen
1 Banane
2 Äpfel (Cox Orange, Gala)
100 g grüne kernlose Trauben
100 g Joghurt
Saft von ½ Orange
Salz, Zucker
1 Prise weißer Pfeffer
4 geräucherte Forellenfilets

1. Die Haselnussblättchen in einer beschichteten Pfanne goldbraun rösten. Die Orangen wie einen Apfel schälen, dabei die weiße Haut mit entfernen. Dann die Orangenfilets aus den feinen Häutchen lösen und in kleine Stücke schneiden.

2. Die Banane schälen und in Scheiben schneiden. Die Äpfel waschen, trockentupfen und achteln. Kerngehäuse entfernen und die Achtel in Streifen schneiden. Die Trauben waschen und halbieren.

3. Joghurt und Orangensaft verrühren, mit Salz, Zucker und Pfeffer abschmecken und unter die Früchte heben.

4. Die Forellenfilets von eventuellen Gräten befreien und auf Tellern verteilen. Fruchtsalat dazugeben und mit den Haselnussblättchen bestreuen.

Zubereitungszeit:
  ca. 25 Minuten

TIPP

Ersetzen Sie die Forellenfilets durch geräuchertes Putenfleisch, und reichen Sie knusperiges Baguette zum Salat.

Nocken von geräuchertem Stör auf Salat

250 g geräucherter Stör
50 g Crème fraîche
1 EL gehackter Dill
50 g Forellenkaviar
2 EL Sahne
4 Dillzweige
½ Kopf Endiviensalat
2 EL Weißweinessig
4 EL Walnussöl
Salz, Pfeffer aus der Mühle

1. Den Fisch mit der Crème fraîche pürieren. Mit Salz und Pfeffer abschmecken, den Dill fein hacken und mit dem Kaviar untermischen.

2. Die Sahne steif schlagen und unterheben. Die Masse in den Kühlschrank stellen.

3. Den Salat waschen, trockenschleudern und in mundgerechte Stücke zupfen. Aus Essig, Öl,

TIPP

Stör ist ein in deutschen Gewässern höchst selten anzutreffender Fisch. Nachdem er seit Jahrzehnten bei uns nicht mehr vorkam, versucht man ihn seit kurzer Zeit in ostdeutschen Gewässern wieder heimisch werden zu lassen. Inzwischen gibt es auch einige Zuchtbetriebe in Westdeutschland. Sie können den Stör im Rezept durch Karpfen, Hecht oder Zander ersetzen.

Salz und Pfeffer eine Ma-
rinade anrühren, über
den Salat träufeln und
auf Tellern anrichten.

4. Mit zwei nassen Esslöffeln Nocken von der
Fischmousse abstechen
und auf den Salat setzen.
Mit Toastecken servieren.

Zubereitungszeit:
ca. 15 Minuten
Zeit im Kühlschrank:
ca. 20 Minuten

Forellensalat

4 geräucherte Forellenfilets
4 Knollen gekochte Rote Beete (oder aus dem Glas)
1 kleiner Kopfsalat
200 g Feldsalat
1 Bund Schnittlauch
3 EL Weißweinessig
4 EL Sonnenblumenöl
Salz, Pfeffer aus der Mühle

1. Die Forellenfilets von
eventuellen Gräten be-
freien und in mundge-
rechte Stücke schneiden.

2. Den Feldsalat und den
Kopfsalat gründlich wa-
schen und trockenschleu-
dern und den Kopfsalat
in kleine Stücke zupfen.

3. Die Rote Beete in dünne
Scheiben schneiden und
je Teller eine Knolle fächerförmig darauf garnieren.

4. Aus Essig, Öl, Salz und
Pfeffer eine Marinade
rühren und über den Sa-
lat träufeln. Mit in Röllchen geschnittenem
Schnittlauch bestreuen
und mit den Forellen-
stücken zur Roten Beete
geben.

Zubereitungszeit:
ca. 15 Minuten

Forellensalat

TIPP

Ersetzen Sie die
Forellenfilets durch
andere Räucher-
fischfilets.

Terrine von Lachs und Forelle

200 g Räucherlachs

200 g geräucherte Forellenfilets

4 Blatt weiße Gelatine

¼ l Fischfond (aus dem Glas)

250 g Crème fraîche

50 g Forellenkaviar

Salz, Pfeffer aus der Mühle

1 Zweig Dill

1. Die Gelatine in kaltem Wasser einweichen. Den Fischfond erhitzen. Gelatine gut ausdrücken, im Fischfond auflösen und etwas abkühlen lassen.

2. Die Hälfte davon in eine kalte Terrinenform mit gerundetem Boden von etwa 1 l Inhalt gießen und so lange schwenken, bis der gesamte Innenraum mit Gelee ausge-

kleidet ist und es haften bleibt. Im Kühlschrank kurz erstarren lassen.

3. Inzwischen den Räucherlachs klein schneiden und mit 100 g Crème fraîche pürieren. Die Forellenfilets mit dem Rest Crème fraîche pürieren. Beide Pürees salzen und pfeffern.

4. Die Räucherlachsmasse auf das Gelee geben und glatt streichen. In die Mitte eine Rinne drükken, den Forellenkaviar hineingeben und mit der Forellenmousse auffüllen. Die Form leicht auf der Arbeitsplatte aufklopfen, damit keine Hohlräume entstehen. Mit der restlichen Geleeflüssigkeit abschließen und für mindestens 4 Stunden kühlen. Vor dem Servieren die Form kurz in heißes Wasser tauchen, stürzen, anschneiden und mit Dillzweigen dekorieren.

Zubereitungszeit:
  ca. 30 Minuten
Zeit im Kühlschrank:
  ca. 4 Stunden

Salat mit geräucherter Entenbrust

1 große Entenbrust
2 EL Pflanzenöl
2 EL Hoisinsauce
1 Hand voll gemischte Salatblätter
100 g Cocktailtomaten
200 g Linsen
Für die Vinaigrette:
1 EL Sojasauce
2 EL Aceto Balsamico
4 EL Olivenöl
Salz, Pfeffer aus der Mühle

Salat mit geräucherter Entenbrust

1. Etwas Öl in einer Pfanne erhitzen und die geräucherten Entenbrüste auf der Hautseite 5 Minuten bei starker Hitze anbraten. Wenden und zweite Seite 10 Minuten braten. Die Haut mit der Hoisinsauce bestreichen und 10 Minuten ruhen lassen.

2. Den Salat waschen und trockenschleudern. Die Tomaten waschen, trockenreiben und halbieren und auf Tellern verteilen.

3. Die Linsen in wenig kochendem Salzwasser in 10 Minuten garen, abtropfen lassen und über den Salat verteilen. Aus Sojasauce, Aceto balsamico, Olivenöl, Salz und Pfeffer eine Marinade rühren und über die Linsen geben.

4. Die Entenbrust in Scheiben schneiden und zum Linsensalat geben.

Zubereitungszeit:
  ca. 30 Minuten
Kochzeit der Linsen:
  20 Minuten
Zeit zum Durchziehen:
  10 Minuten

TIPP

Zum Salat mit Entenbrust passt ein trockener, französischer Rotwein und ein knusperiges Weißbrot.

Geräucherte Hähnchenfilets auf Salat

4 EL Sonnenblumenöl
2 geräucherte Hähnchenfilets
200 g Shiitake Pilze
2 TL Hoisin-Sauce
3 Zweige frischer Koriander oder Petersilie
100 g Mungosprossen
100 g Spinat
1 kleiner Radicchio
Für die Vinaigrette:
1 EL Sojasauce
2 EL Sherryessig
4 EL Erdnussöl
Salz, Pfeffer aus der Mühle

1. In einer Pfanne 2 Esslöffel Sonnenblumenöl erhitzen und die Filets in etwa 8 Minuten auf beiden Seiten anbraten. Aus der Pfanne nehmen und mit Hoisin-Sauce bestreichen.

2. Das restliche Sonnenblumenöl in der Pfanne erhitzen und die Pilze kurz anbraten, abkühlen lassen und das gehackte Koriandergrün untermischen.

3. Mungosprossen, Spinat und Radicchio waschen

und trockenschleudern. Den Spinat und den Radicchio in mundgerechte Stücke zupfen und vorsichtig mit den Pilzen mischen.

4. Aus Sojasauce, Essig, Erdnussöl, Salz und Pfeffer eine Marinade rühren und über den Salat träufeln.

5. Die Hähnchenfilets in Scheiben schneiden und auf dem Salat garnieren.

Zubereitungszeit:
ca. 40 Minuten

VARIATION

Nehmen Sie anstelle der Hähnchenfilets geräucherte Hähnchenschenkel

TIPP

Sprossen gibt es heute in fast allen Supermärkten an der Salatbar. Wenn Sie trotzdem keine Mungosprossen bekommen, nehmen Sie Alfalfasprossen oder andere aus dem Angebot.

Gefüllte Avocados mit geräucherter Hähnchenbrust

2 Avocados
Saft von ½ Zitrone
Salz, schwarzer Pfeffer aus der Mühle
1 geräucherte Hähnchenbrust
75 g Krabben
100 g Mayonnaise
1 TL scharfer Senf
2 TL geriebener Meerrettich
1 EL Tomatenketchup
1 EL geschlagene Sahne

TIPP

Wenn Sie Nordsee-krabben bekommen können, greifen Sie zu, diese kleinen Krabben schmecken ganz besonders gut.

1. Die Avocados waschen, abtrocknen und der Länge nach halbieren. Die Kerne entfernen und das Fleisch an der Schnittfläche sowie in der Höhlung mit dem Zitronensaft beträufeln und mit Salz und Pfeffer würzen.

2. Die Hähnchenbrust in feine Streifen schneiden und mit dem Krabbenfleisch mischen, wobei einige Krabben als Garnitur zurückbleiben.

3. Mayonnaise, Senf, Meerrettich, Tomatenketchup und Sahne verrühren, salzen und pfeffern.

4. Für die Füllung das Hähnchenfleisch und die Krabben mit der Sauce vermischen. Die Avocados mit der Masse füllen und den verbleibenden Rest um die Avocadohälften verteilen. Zuletzt mit einigen Krabben garnieren.

*Zubereitungszeit:
ca. 15 Minuten*

Geräucherte Putenbrust auf Salat

2 EL Pflanzenöl
300 g Putenbrust
100 g Feldsalat
2 Schalotten
2 Karotten
50 g schwarze Oliven
3 EL Weißweinessig
1 TL Senf
5 EL Olivenöl
Salz, Pfeffer aus der Mühle

1. Das Öl in einer Pfanne erhitzen und das Fleisch rundherum in 10 Minuten anbraten.

2. Den Salat waschen, putzen und trockenschleudern. Die Schalotten schälen und fein wür-

Feldsalat ist ein typischer Wintersalat, im Sommer können Sie auch jeden anderen Salat Ihrer Wahl nehmen.

Geräucherte Putenbrust auf Salat

feln. Karotten schälen, waschen und in feine Streifen schneiden. Oliven entkernen.

3. Für die Vinaigrette Essig, Öl, Senf, Salz und Pfeffer verrühren und mit Salat, Oliven, Schalotten und Gemüse vermengen. Auf Tellern anrichten und die Putenbrust in dünne Scheiben schneiden und auf dem Salat dekorieren.

Zubereitungszeit: ca. 15 Minuten

Geräucherte Gänsebrust mit Vinaigrette

je 20 g Knollensellerie und Petersilienwurzel
je 50 g Möhren und Lauch
2 EL Himbeeressig
1 EL Sherry
1 EL Orangensaft
2 EL Pflanzenöl
Salz, Pfeffer aus der Mühle
20 Scheiben geräucherte Gänsebrust

1. Knollensellerie, Möhren und Petersilienwurzel waschen, schälen und sehr fein würfeln. Lauch putzen und waschen und ebenfalls sehr klein schneiden.

2. Aus Essig, Sherry, Orangensaft, Öl, Salz und Pfeffer eine Marinade rühren und mit den Gemüsewürfeln mischen.

3. Die Gänsebrust in Scheiben schneiden und auf Tellern fächerförmig anrichten, zum Schluss mit der Gemüse-Vinaigrette beträufeln und vor dem Servieren 10 Minuten ziehen lassen.

Zubereitungszeit:
  ca. 15 Minuten
Zeit zum Durchziehen:
  ca.10 Minuten

Geräucherte Gänsebrust auf Vinaigrette

Kleine Zwischengerichte

Geräucherte Makrele auf Linsen

200 g Lauch
1 EL Öl
1 Dose Linsen (etwa 800 g)
⅛ l trockener Rotwein
⅛ l Geflügelfond
(aus dem Glas)
Salz, schwarzer Pfeffer
aus der Mühle
1 EL Aceto Balsamico
3 EL saure Sahne
2 geräucherte Makrelen
1 Bund Schnittlauch

1. Den Lauch putzen, längs aufschlitzen und unter fließendem Wasser gründlich abspülen. Anschließend schräg in schmale Ringe schneiden. Das Öl in einem breiten Topf erhitzen und den Lauch darin 3 Minuten dünsten.

2. Die Linsen abtropfen lassen und zufügen. Den Rotwein und den Geflügelfond unterrühren. Aufkochen und 10 Minuten bei milder Hitze köcheln lassen. Mit Salz, Pfeffer und Balsamico kräftig abschmecken und zum Schluss die saure Sahne untermischen. Nicht mehr kochen lassen, weil die Sahne sonst ausflockt.

3. Während die Linsen köcheln, die Makrelen häuten, dabei von Kopf und Schwanz befreien. Die Filets vorsichtig von den Gräten abheben. Die Linsen nochmals abschmecken und die Makrelenfilets darauf legen und im geschlossenen Topf für etwa 8 Minuten erwärmen.

4. Inzwischen den Schnittlauch abbrausen, trockenschütteln und in feine Ringe schneiden. Die Linsen mit den geräucherten Makrelenfilets auf Tellern anrichten und mit dem Schnittlauch bestreuen.

Zubereitungszeit:
 ca. 25 Minuten
Kochzeit:
 18 Minuten

TIPP

Servieren Sie zu diesem Gericht den gleichen im Rezept verwendeten Rotwein und eventuell noch einige Scheiben kräftigen Graubrots.

Rührei mit Räuchermakrele

---

2 geräucherte Makrelenfilets

---

2 EL Butter

---

5 Eier

Salz, schwarzer Pfeffer
aus der Mühle

½ Bund Schnittlauch

---

1. Die Makrele von allen
   Gräten befreien und in
   mundgerechte Stückchen
   zerteilen.

2. Die Butter in der Pfanne
   zerlassen, die Fisch-
   stückchen hineingeben
   und erwärmen, jedoch
   nicht braten.

3. Die Eier mit Salz und
   Pfeffer verquirlen und
   über den Fisch gießen.
   Die Masse stocken las-
   sen, auf einen vorge-
   wärmten Teller legen,
   mit dem Schnittlauch bestreuen und mit Toast-
   ecken servieren.

**Rührei mit
Räuchermakrele**

*Zubereitungszeit:
ca. 20 Minuten*

Gratin von Räucherforelle

125 g Reis
100 g Champignons
3 Schalotten
Salz, Pfeffer aus der Mühle
½ Bund Petersilie
3 EL Butter
150 g Sahne
4 geräucherte Forellenfilets
50 g Mozzarella
Butter für die Form

1. Den Reis in 300 ml Salzwasser 18 Minuten kochen. Die Champignons verlesen, säubern und in dünne Scheiben schneiden. Die Schalotten schälen und fein würfeln. Die Petersilie waschen, trockenschütteln und hacken.

2. Die Butter in einer Pfanne erhitzen und die Schalotten darin glasig dünsten. Die Champignons zufügen und etwa 5 Minuten dünsten, die Sahne zugießen und alles etwas einkochen lassen. Mit Salz und Pfeffer würzen und zum Schluss die Petersilie einstreuen.

3. Eine feuerfeste Form einfetten, den Reis abgießen und einfüllen. Die Räucherforellen von Haut und Gräten befreien, in mundgerechte Stücke zerpflücken und auf dem Reis verteilen.

4. Die Champignonsauce darüber gießen und zuletzt den Mozzarella mit einer groben Reibe darüber raffeln. Im vorgeheizten Ofen bei 220 °C (Gas: Stufe 4) 15 Minuten überbacken.

Kochzeit:
   ca.18 Minuten
Zubereitungszeit:
   ca. 20 Minuten
Backzeit:
   ca. 15 Minuten

TIPP

Genauso gut schmeckt das Gratin mit Scholle oder Lachs und statt Mozzarella können Sie auch einmal 100 g Quark mit 1 Ei und 1 Esslöffel Parmesan verrührt auf die Champignonsauce verteilen.

Ersetzen Sie die Forelle in diesem Rezept durch Scholle, wäre die wohl schmeckende Maischolle die beste Wahl.

TIPP

Das ist ein tolles Wintergericht, denn Sauerkraut und Äpfel sind hervorragende Vitamin-C-Lieferanten, und auf genügend davon kommt es in der kalten Jahreszeit besonders an.

Apfel- Sauerkraut- Salat mit Räucherfisch

400 g Sauerkraut

2 säuerliche Äpfel

1 Zwiebel

1 kleine rote Zwiebel

Saft ½ Zitrone

3 EL milder Apfelessig

4 hauchdünne Scheiben Räucherlachs

200 g gemischten Räucherfisch (z.B. Forelle, Heilbutt, Stör, etc.)

Salz, Pfeffer aus der Mühle

1 Prise Zucker

5 EL Sonnenblumenöl

1 Bund Dill

1. Das Sauerkraut gut abtropfen lassen. Die Äpfel waschen, trockenreiben, vierteln und entkernen. Einen Apfel würfeln, den anderen in dünne Schnitze schneiden. Die Apfelstücke mit dem Zitronensaft beträufeln.

2. Die Zwiebel schälen, fein würfeln und in eine große Schüssel geben. Essig und Öl zufügen, mit Salz, Pfeffer und Zucker abschmecken.

3. Das Sauerkraut in die Schüssel geben und mit der Sauce mischen. Die rote Zwiebel schälen und in Ringe schneiden. Den Fisch in mundgerechte Stücke teilen, den Lachs in Streifen schneiden.

4. Den Dill waschen, trockenschütteln und zerpflücken. Die Apfelwürfel unter das Sauerkraut mischen, die Apfelschnitze, die Zwiebelringe und die Fischstücke auf dem Sauerkraut verteilen. Mit dem Dill bestreuen.

Zubereitungszeit:
  ca. 20 Minuten

Kartoffelsalat mit Räucherfisch

500 g kleine fest kochende Kartoffeln

250 g Schillerlocken

1 Radicchio

1 kleiner Endiviensalat

8 Cocktailtomaten

2 EL Essig

4 EL Keimöl

Salz, Pfeffer aus der Mühle

¼ Kästchen Kresse

1. Die Kartoffeln waschen und in 20 Minuten garen. Abgießen, etwas abkühlen lassen, pellen und in dicke Scheiben schneiden.

2. Den Radicchio und den Endiviensalat waschen, trockenschleudern und in mundgerechte Stücke zupfen. Die Tomaten waschen und vierteln.

3. Salat und Kartoffelscheiben in einer großen Schüssel mischen. Aus Essig, Öl, Salz und Pfeffer eine Marinade rühren und darüber träufeln.

VARIATION

Anstelle der Schillerlocken können sie selbstverständlich genauso jeden anderen Räucherfisch nehmen. Probieren Sie diesen Kartoffelsalat jedoch auch einmal mit geräucherter Wurst.

**Kartoffelsalat
mit Räucherfisch**

4. Die Schillerlocken in
breite Stücke schneiden
und darauf verteilen.
Zum Schluss etwas Kresse
abschneiden und über
den Salat streuen.

*Kochzeit:
ca. 20 Minuten
Zubereitungszeit:
ca. 10 Minuten*

Suppen und Eintöpfe

Sauerkrautsuppe mit Räucherfisch

1 große Zwiebel

2 EL Butter

500 g Sauerkraut

¾ l Geflügelfond
(aus dem Glas)

Salz, weißer Pfeffer
aus der Mühle

1 Döschen Safran

1 Becher saure Sahne

300 g geräucherter Heilbutt

frischer oder getrockneter
Thymian

1. Die Zwiebel schälen, sehr fein hacken und in einem großen Topf in heißer Butter weich dünsten. Das Sauerkraut zerpflücken und zufügen. Mit dem Geflügelfond aufgießen und 40 Minuten köcheln lassen. Anschließend die Suppe im Mixer pürieren und wieder in den Topf gießen. Mit Salz, Pfeffer und Safran würzen und 15 Minuten weiterköcheln.

2. Die saure Sahne unterrühren und nicht mehr kochen. Den Heilbutt von eventuellen Gräten befreien und in mundgerechte Stücke teilen. In die Suppe geben und erhitzen (nicht kochen!). Zum Schluss Thymian einstreuen und die Suppe mit frischem Baguette servieren.

Zubereitungszeit:
  ca. 15 Minuten
Kochzeit:
  ca. 55 Minuten

TIPP

Anstelle des Räucherfischs können Sie auch Räucherwurst, in sehr dünne Scheiben geschnitten, untermischen. Die Suppe eignet sich gut für Partys, da sie sich prima warm halten lässt.

Ungarische Fischsuppe

---

2 Möhren
2 Frühlingszwiebeln
2 Knoblauchzehen
2 EL Butter
1 TL Tomatenmark
½ TL Paprikapulver, scharf
1 l Fisch- oder Geflügelfond
(aus dem Glas)
Salz, Pfeffer aus der Mühle
500 g Filet von geräuchertem
Zander
1 Bund Schnittlauch

---

1. Die Möhren waschen, schälen und würfeln. Die Frühlingszwiebeln putzen, waschen und in Ringe schneiden. Den Knoblauch schälen und fein würfeln.

2. Möhren, Frühlingszwiebeln und Knoblauch in der Butter andünsten. Das Tomatenmark zufügen und mit anschwitzen. Zuletzt das Paprikapulver einstreuen und mit dem Fond auffüllen. Mit Salz abschmecken.

*Ungarische
Fischsuppe*

3. Das geräucherte Fisch-
filet in Stücke schneiden
und alle Gräten entfer-
nen, in die Suppe geben
und kurz darin ziehen
lassen. Inzwischen den
Schnittlauch waschen,
trockenschütteln und
fein hacken.

4. Die Suppe auf Tellern
verteilen und jede Por-
tion mit Schnittlauch
bestreuen.

Zubereitungszeit:
   ca. 15 Minuten
Kochzeit:
   ca. 20 Minuten

Porree-Möhren-Topf mit geräuchertem Schweinebauch

1 mittelgroße Zwiebel
750 g Lauch
1 Fenchelknolle
750 g Möhren
600 g Kartoffeln
50 g Butter
1 l Fleischbrühe
500 g geräucherter Schweinebauch
Selleriesalz
weißer Pfeffer aus der Mühle
½ Bund Petersilie

1. Die Zwiebel schälen und
in Würfel schneiden.
Lauch und Fenchel put-
zen und waschen. Den
Lauch in Stücke von et-
wa 5 cm Länge und den
Fenchel in schmale Strei-
fen schneiden. Die Möh-
ren waschen, schälen
und in Scheiben schnei-
den. Die Kartoffeln
schälen und würfeln.

2. Die Butter erhitzen und
die Zwiebelwürfel darin
leicht anbräunen, dann
das restliche Gemüse da-
zugeben und mitrösten.
Alles mit der Fleisch-
brühe auffüllen und et-
wa 15 Minuten garen.

3. Danach den geräucher-
ten Schweinebauch in
Würfel schneiden und in
die Suppe geben. Mit Sel-
leriesalz und Pfeffer würzen und weitere 15 Mi-
nuten köcheln lassen.
Petersilie waschen,
trockenschütteln, hacken
und in die Suppe streuen.

Zubereitungszeit:
   ca. 20 Minuten
Kochzeit:
   30 Minuten

VARIATION

*Tauschen Sie den Schweinebauch ge-
gen geräucherte Hartwurst aus.*

Kohlrübentopf mit geräuchertem Schweinenacken

---

750 g geräucherter Schweinenacken

---

2 l Wasser

---

1 Lorbeerblatt

---

4 Pimentkörner

Salz

---

750 g Steckrüben

---

2 Zwiebeln

---

300 g Kartoffeln

---

1 EL Schmalz

---

1 große Möhre

---

weißer Pfeffer aus der Mühle

½ Bund Petersilie

---

4 EL saure Sahne

---

1. Den geräucherten Schweinenacken mit den Gewürzen in 2 l Wasser zum Kochen bringen und auf kleiner Flamme 30 Minuten kochen lassen. Das Fleisch herausnehmen und die Brühe durch ein Sieb gießen.

2. Die Steckrüben und die Kartoffeln waschen, schälen und in Würfel schneiden. Die Zwiebeln schälen und würfeln. Das Gemüse in die Brühe geben, 20 Minuten garen und dann mit dem Stabmixer pürieren.

3. Den Schweinenacken in grobe Würfel schneiden. Das Schmalz in der Pfanne erhitzen und die Fleischwürfel darin braten.

4. Die Möhre putzen, schälen und grob reiben. Mit dem Schweinebauch in die pürierte Suppe geben. Nochmals aufkochen und mit Salz und weißem Pfeffer abschmecken.

5. Petersilie waschen, trockenschütteln und in die Suppe streuen. Auf Tellern verteilen und jede Portion mit einem Klecks saure Sahne garnieren.

Zubereitungszeit:
ca. 25 Minuten
Kochzeit:
ca. 1 Stunde

TIPP

Zum Kohlrübentopf passt ein kühles Bier.

Bohnen-Eintopf mit geräuchertem Beinfleisch

200 g Reis
Salz
3 EL Sonnenblumenöl
2 Möhren
1 Stange Lauch
100 g Sellerieknolle
1 Zwiebel
500 g geräuchertes Beinfleisch
1 Dose rote Bohnen (850 g)
1 Dose geschälte Tomaten (425 g)
1 TL gekörnte Brühe
1 TL Rosenpaprika
5 Tropfen Tabasco
½ Bund Petersilie

1. Den Reis in 0,5 l kochendes Salzwasser schütten und etwa 18 Minuten garen. Auf ein Sieb schütten, mit kaltem Wasser überspülen und abtropfen lassen.

2. Inzwischen die Möhren waschen, schälen und in Scheiben schneiden. Den Lauch putzen, waschen und in Ringe schneiden. Die Sellerieknolle und die Zwiebel schälen und würfeln.

3. Das Öl im Topf erhitzen und das Gemüse unter Rühren andünsten. Mit 1 l Wasser auffüllen, das Beinfleisch hinzugeben und 1 Stunde kochen.

4. Das gegarte Fleisch herausnehmen, auf einen Teller legen und abkühlen lassen. Nun die Bohnen und die Tomaten mit Saft in den Topf geben und alles nochmals aufkochen lassen.

5. Das Fleisch vom Knochen lösen und in kleine Würfel schneiden. Zusammen mit dem Reis wieder in die Suppe geben.

6. Mit Salz, der gekörnten Brühe und Cayennepfeffer nach Geschmack würzen und noch einmal kurz aufkochen lassen. Vor dem Servieren mit gehackter Petersilie überstreuen.

Zubereitungszeit:
  ca. 25 Minuten
Kochzeit:
  ca. 1 Stunde 10 Minuten

VARIATION

Ersetzen Sie den Reis durch Kartoffeln. Das macht den Eintopf kräftiger.

Deftige Ochsen- schwanzsuppe

1 Bund Suppengrün
2 El Sonnenblumenöl
1,5 l Fleischbrühe (instant)
750 g geräucherter Ochsenschwanz
350 g Zwiebeln
500 g Kartoffeln
1 rote Paprikaschote
½ Bund Thymian
1 Lorbeerblatt
1 TL Paprikapulver
1 EL Tomatenpüree
Salz, Pfeffer aus der Mühle

Zubereitungszeit:
   ca. 20 Minuten
Kochzeit:
   ca. 2 Stunden
   25 Minuten

1. Das Suppengrün waschen putzen, und klein schneiden. In 1 El Öl andünsten und mit der Fleischbrühe auffüllen. Den Ochsenschwanz zufügen und etwa 2 Stunden köcheln lassen. Danach das Fleisch herausnehmen, vom Knochen lösen, würfeln und beiseite stellen.

2. In der Zwischenzeit die Zwiebeln und die Kartoffeln schälen und würfeln. Die Paprikaschote von Stielansatz und Samensträngen befreien und klein schneiden. Den Thymian waschen, trockenschütteln und die Blättchen abstreifen.

3. Die Zwiebeln im restlichen Öl anbraten. Die Suppe durch ein Sieb dazugießen. Thymian, Kartoffeln, Paprikaschote, Lorbeerblatt und Paprikapulver zufügen und alles etwa 25 Minuten kochen. Das Tomatenpüree einrühren, Fleisch wieder in die Suppe geben und alles nochmals erhitzen. Mit Salz und Pfeffer pikant abschmecken.

Hauptgerichte

Geräucherte Matjes mit grünen Bohnen und geräuchertem Speck

½ Bund Petersilie
1 EL Butter
500 g grüne Bohnen
4 Zweige Bohnenkraut
Salz, weißer Pfeffer aus der Mühle
1 kleine Zwiebel
150 g geräucherter Speck
8 mild geräucherte Matjesfilets
einige Blätter Kopfsalat

1. Die Kräuter waschen, trockenschütteln. Petersilie hacken, von 2 Zweigen Bohnenkraut die Blättchen abstreifen. Die Bohnen putzen, waschen, mit den restlichen 2 Zweigen Bohnenkraut in wenig Wasser 12 Minuten garen.

2. Die Bohnen in ein Sieb gießen und mit sehr kaltem Wasser abschrecken. Butter im Topf schmelzen, die Bohnen wieder hineingeben, mit Salz und Pfeffer würzen, und die Kräuter einstreuen und durchschwenken.

3. Die Zwiebel schälen und würfeln. Den Speck ebenfalls in kleine Würfel schneiden und mit den Zwiebelwürfeln in einer Pfanne goldbraun rösten.

4. Die mild geräucherten Matjesheringe filetieren und auf den zuvor geputzten Salatblättern auf einer Platte anrichten. Mit den grünen Bohnen und der Speck-Zwiebel-Mischung servieren.

Zubereitungszeit:
ca. 20 Minuten
Kochzeit:
ca. 12 Minuten

TIPP

Besonders gut dazu schmecken Pellkartoffeln mit 1 Teelöffel Kümmel gegart.

Als Matjesheringe bezeichnet man die noch ganz jungen Heringe, die ein besonders zartes Fleisch aufweisen.

Überbackene Scholle

500 g Kartoffeln	
Salz	
100 g Spinat	
1 TL Butter	
4 geräucherte Schollenfilets	
250 ml Sahne	
1 Ei	
Pfeffer aus der Mühle	
75 g geraffelter Käse (Gouda, Edamer)	
½ Bund Petersilie	
Butter für die Form	

1. Die Kartoffeln waschen, schälen und in dünne Scheiben schneiden. In Salzwasser etwa 8 Minuten kochen. Fächerförmig in eine ausgefettete Form schichten.

2. Den Spinat verlesen und waschen. Die Butter mit ½ Tasse Wasser erhitzen und den Spinat darin etwa 2 Minuten blanchieren. Abkühlen lassen, gut ausdrücken und auf die Kartoffeln verteilen.

3. Den Backofen auf 220 °C (Gas: Stufe 4) vorheizen. Das Fischfilet von restlichen Gräten befreien, in Stückchen zupfen und auf den Spinat geben.

4. Die Sahne und das Ei verrühren, mit Salz und Pfeffer würzen und über den Fisch gießen. Mit dem geraffelten Käse bestreuen und im Backofen 25 Minuten garen.

Kochzeit:
  ca. 8 Minuten
Zubereitungszeit:
  ca. 15 Minuten
Backzeit:
  ca. 20 Minuten

Geräucherte Forelle mit Rösti und Meerrettichsahne

1 Apfel	
etwas Zitronensaft	
4 EL frisch geriebener Meerrettich	
100 g Schlagsahne	
1 Prise Zucker	
500 g Kartoffeln	
Salz, weißer Pfeffer aus der Mühle	
6 EL Sonnenblumenöl	
8 geräucherte Forellenfilets	

1. Den Apfel waschen, raspeln und mit dem Meerrettich und der Sahne mischen. Mit Zucker und Salz abschmecken

TIPP

Zur überbackenen Scholle passt ein grüner Salat und ein kühles Bier.

*Geräucherte Forelle
mit Rösti und Meer-
rettichsahne*

2. Die Kartoffeln waschen,
   schälen und reiben. Mit
   Salz und Pfeffer würzen
   und gut durchrühren.

3. Das Öl in der Pfanne erhitzen und jeweils 1 bis
   2 Esslöffel der geriebenen
   Kartoffen portionsweise
   zu kleinen Röstis braten.
   Auf vorgewärmte Teller
   gleiten lassen.

4. Die geräucherten Forellenfilets und den Apfel-
   Sahne-Meerrettich dazugeben.

Zubereitungszeit:
   ca. 25 Minuten
Bratzeit:
   ca. 20 Minuten

Gebackene Kartoffeln mit Räucherfisch-Füllung

4 große Backkartoffeln
100 g saure Sahne
1 Bund gemischte Kräuter (z.B.: Petersilie, Dill, Schnittlauch, Kerbel)
4 Bücklingsfilets
Salz, schwarzer Pfeffer
4 Fleischtomaten
¼ Bund Basilikum
4 EL Olivenöl
1 EL Zitronensaft

1. Den Backofen auf 220 °C (Gas: Stufe 4) vorheizen. Die Kartoffeln waschen und abtrocknen. Jede Kartoffel in Alufolie wickeln und im Ofen etwa 1 Stunde backen.

2. Wenn sie gar sind, aus der Folie wickeln, halbieren und aushöhlen, dabei einen Rand von etwa 1 cm stehen lassen. Abkühlen lassen und das Ausgehöhlte mit der sauren Sahne vermischen.

3. Die Kräuter waschen, trockenschütteln und hacken. Unter die Kartoffelmischung rühren.

4. Die Bücklingsfilets von Haut und Gräten befreien, klein schneiden und ebenfalls unter die Kartoffelmischung heben. Die Masse mit Salz und Pfeffer würzen und in die ausgehöhlten Kartoffeln füllen. Für 3 Minuten unter den Grill schieben und servieren.

5. Während der Backzeit der Kartoffeln die Tomaten waschen, quer halbieren, Kerngehäuse mit einem Teelöffel entfernen und das Tomatenfleisch in Würfel schneiden. Basilikum waschen, trockenschütteln und die Blättchen in feine Streifen schneiden.

6. Aus Olivenöl, Zitronensaft, Salz und Pfeffer eine Salatsauce rühren und über die Tomaten geben. Den Tomatensalat zum Fisch servieren.

Backzeit für die Kartoffeln:
  ca. 1 Stunde
Zubereitungszeit:
  ca. 30 Minuten
Grillzeit:
  ca. 3 Minuten
  ca. 15 Minuten

TIPP

Im Sommer gibt es in vielen Supermärkten Grill-Kartoffeln zu kaufen. Sie sind schon gewaschen und in Folie eingewickelt.

Geräucherter Goldbarsch mit Ratatouille

je 1 rote, grüne und
gelbe Paprika
2 Zucchini
1 kleine Aubergine
3 Zweige Thymian
3 Zweige Basilikum
6 EL Olivenöl
Salz, schwarzer Pfeffer
aus der Mühle
500 g geräucherter
Goldbarsch

1. Paprika, Zucchini und Aubergine waschen und trockenreiben. Die Paprikaschoten von Stielansätzen und Samensträngen befreien und grob würfeln.

2. Die Zucchini in Scheiben und die Aubergine in Würfel schneiden.

3. Paprika, Aubergine und Zucchini nacheinander in Olivenöl braten und mit dem Öl in eine feuerfeste Form geben.

4. Die Kräuter waschen, die Blättchen hacken und zum Gemüse geben. Die

Form mit Alufolie abdecken und im Backofen bei 200 °C (Gas: Stufe 3) 25 Minuten backen. Während der letzten 5 Minuten den Goldbarsch auf das Gemüse legen.

Zubereitungszeit:
  ca. 20 Minuten
Backzeit:
  ca. 25 Minuten

Geräucherte Scholle mit Brokkoli

4 Schollenfilets
1 kg frischer Brokkoli
(oder tiefgekühlt)
¼ l Gemüsebrühe (instant)
50 g Butter
50 g Mandelblättchen
Salz, geriebene Muskatnuss

1. Die Schollen räuchern. Inzwischen den Brokkoli waschen, trockentupfen und in kleine Röschen zerteilen.

2. Die Gemüsebrühe zum Kochen bringen und die Brokkoliröschen darin im geschlossenen Topf 15 Minuten garen.

TIPP

Servieren Sie das Ratatouille mit einem Kräuter-Weißbrot. Ihr Bäcker führt es vielleicht unter dem Namen Toskana-Brot.

TIPP

*Die im Mai gefange-
nen, berühmten
Maischollen
schmecken am be-
sten. Servieren Sie
Bratkartoffeln oder
auch Pellkartoffeln
dazu.*

3. Die Butter zerlassen und die Mandeln zufügen. Mit Salz und Muskatnuss würzen und über den Brokkoli gießen. Mit den noch warmen Schollenfilets anrichten und servieren.

*Kochzeit:
  ca. 15 Minuten
Zubereitungszeit:
  ca. 15 Minuten*

Geräucherter Heilbutt mit Zitronensauce

4 Scheiben geräucherter Heilbutt
3 Zweige Estragon
3 Eigelb
Saft 1 Zitrone
1 TL Dijonsenf
6 EL heiße Fischfond

1. Die Heilbuttscheiben räuchern und während des Räuchervorgangs die Sauce zubereiten. Estragon waschen und trockenschütteln. Die Blättchen abzupfen und hacken.

TIPP

*Reichen Sie zum
Heilbutt in Butter
geschwenkte Peter-
silienkartoffeln.*

2. Die Eigelbe im Wasserbad mit dem Zitronensaft und dem Senf schaumig schlagen. Nach und nach den heißen Fischfond dazugeben, bis die Sauce unter ständigem Schlagen dickschaumig geworden ist.

3. Die Sauce warm zu den fertig geräucherten Heilbuttscheiben reichen.

*Zubereitungszeit:
  ca. 15 Minuten*

Nudelauflauf mit geräucherten Makrelen

250 g kurze Nudeln (Penne, Rigatoni etc.)
200 g Lauch
250 g geräuchertes Makrelenfilet
2 Eier
1 Eigelb
⅛ l Sahne
100 g geriebener Emmentaler
Salz, Pfeffer
2 TL Zitronensaft
30 g Butter
etwas Butter für die Form

*Nudelauflauf
mit geräucherter
Makrele*

1. Die Nudeln 1,5 l Salz-
   wasser garen, abgießen
   und abtropfen lassen.

2. Den Lauch putzen, wa-
   schen, trockentupfen
   und in Ringe schneiden.
   In kochendem Salzwas-
   ser 2 Minuten blanchieren. Das Wasser ab-
   gießen, den Lauch kalt
   abschrecken und abtropfen lassen.

3. Das Fischfilet mit Eiern,
   Eigelb, Sahne, Salz, Pfeffer und Zitronensaft im
   Mixer pürieren. Den
   Lauch untermischen
   und schließlich alles mit
   den Nudeln vermengen.

4. Eine Auflaufform mit
   Butter ausfetten, die
   Masse einfüllen und mit
   dem geriebenen Käse bestreuen. Die Butter in
   Flöckchen darauf verteilen. Bei 200 °C (Gas: Stufe 3) 20 Minuten über-
   backen.

Kochzeit:
   ca. 7 Minuten
Zubereitungszeit:
   ca. 15 Minuten
Backzeit:
   20 Minuten

Geräucherte Seezungen mit Krabbensauce

2 EL Butter
¼ l Fischfond
(aus dem Glas)
2 TL Zitronensaft
250 ml Schlagsahne
Salz, weißer Pfeffer
aus der Mühle
100 g gekochte und
geschälte Krabben
3 Zweige Dill
4 geräucherte Seezungen
à 300 g

1. Die Butter im Topf schmelzen lassen. Den Fischfond und die Sahne zugießen. Die verquirlten Eigelbe in die heiße, aber nicht mehr kochende Flüssigkeit einrühren.

2. Bei geringer Hitze so lange weiterführen, bis die Sauce dicklich wird. Die Sauce darf aber nicht kochen, die Sahne flockt sonst aus!

3. Mit Salz und Pfeffer abschmecken und zuletzt die Krabben und den gehackten Dill unterrühren.

4. Die geräucherten, noch warmen Seezungen auf vorgewärmte Teller legen. Die Sauce über die Seezungen gießen.

Zubereitungszeit:
  ca. 15 Minuten

Räucheraal-Pfannkuchen

½ Bund Dill
4 Eier
Salz, schwarzer Pfeffer
aus der Mühle
75 g Weizenmehl
½ l Milch
4 EL
2 EL Zitronensaft
200 g Räucheraal
ohne Haut und Gräten

1. Den Dill waschen, trockenschütteln und hacken. Die Eier mit den Gewürzen verquirlen, dann das Mehl und die Milch und zum Schluss 2 Teelöffel Öl sowie den Dill unterrühren.

2. Restliches Öl erhitzen darin 4 Pfannkuchen auf beiden Seiten goldgelb backen.

TIPP

Zur Seezunge Salzkartoffeln oder gekochten Reis reichen.

3. Den Aal entgräten und in 3 cm lange Stücke schneiden. Auf die Pfannkuchen verteilen, zusammenklappen und sofort servieren.

Zubereitungszeit:
ca. 15 Minuten
Bratzeit:
ca. 20 Minuten

Räucherforellen mit Estragon-Mayonnaise

500 g Kartoffeln
1 Eigelb
1 TL Zitronensaft
1 TL Senf
⅛ l Sonnenblumenöl
1 Becher Magerjoghurt
1 Bund Estragon
1 Bund Petersilie
Salz, schwarzer Pfeffer aus der Mühle
2 EL Butter
4 geräucherte Forellen

1. Die Kartoffeln in der Schale kochen. Das Eigelb, den Zitronensaft und den Senf mit einem Handrührgerät verrühren.

2. Das Öl während des Rührens zuerst tröpfchenweise, dann im dünnen Strahl dazu laufen lassen. Wenn die Mayonnaise fertig ist, den Joghurt unterrühren.

3. Estragon und Petersilie waschen, trockenschütteln und hacken. Estragon unter die Joghurt-Mayonnaise ziehen. Die Sauce mit Salz und Pfeffer abschmecken.

4. Die Kartoffeln pellen. Butter zerlassen, die Petersilie hineingeben, salzen und über die Kartoffeln geben. Kurz warm stellen.

5. Die noch warmen Räucherforellen entgräten, die Filets auf Tellern anrichten und mit der Joghurt-Mayonnaise und den Kartoffeln servieren.

Kochzeit:
ca. 30 Minuten
Zubereitungszeit:
ca. 20 Minuten

TIPP

Reichen Sie zur Estragonforelle einen frischen Tomatensalat.

Geräucherter Wolfsbarsch auf Spinat

4 kleine geräucherte Wolfsbarsche (Loup de mer)

1 kg junge, frische Spinatblätter

1 Schalotte

40 g geklärte Butter

Salz, Pfeffer aus der Mühle
frisch geriebene Muskatnuss

50 g geröstete Pinienkerne

Für die Vinaigrette:

¼ l Fischfond
(aus dem Glas)

⅛ l Olivenöl

4 cl Sherryessig

1 große Fleischtomate

200 g schwarze Oliven

50 g kalte Butter

1. Die Spinatblätter sorgfältig verlesen, harte Stiele und Mittelrippen entfernen und waschen. Abtropfen lassen.

2. Die Schalotte schälen und fein hacken. Die geklärte Butter in einem flachen Topf erhitzen und die Schalottenwürfel darin anschwitzen. Den Spinat hinzufügen, mit Salz, Pfeffer und Muskat würzen und zugedeckt im eigenen Saft garen lassen. Zum Schluss die Pinienkerne untermischen.

3. Für die Vinaigrette Fischfond, Öl und Essig aufkochen und um ein Drittel einkochen lassen.

4. Die Tomate blanchieren, häuten und ohne Stengelansätze und Kerne in kleine Würfel schneiden. Die Oliven entkernen und ebenfalls würfeln.

5. Die kalte Butter in kleinen Stückchen mit einem Schneebesen unter die eingekochte Sauce rühren. Zuletzt die Tomaten- und Olivenwürfel untermischen.

6. Die Fische auf dem Spinat anrichten und mit der Vinaigrette begießen. Spinat zu den angedünsteten Schalotten geben, würzen und mit Pinienkernen bestreuen.

Zubereitungszeit:
  ca. 30 Minuten
Kochzeit:
  ca. 10 Minuten

TIPP

Dazu passen Brat- oder auch Salzkartoffeln.

Geräucherter Kotelettbraten mit Honigkruste

½ Flasche trockener Weißwein

Schale von ½ Zitrone

1 Zwiebel

6 Pfefferkörner

1 Stückchen Ingwerwurzel, etwa 2 cm lang

6 Wacholderbeeren

1,5 kg geräuchertes Kotelett am Stück mit Fettrand und Knochen

Für die Honigkruste:

2 EL Honig

2 EL scharfer Senf

1 EL Orangenmarmelade

1 EL Meerrettich

1 EL Semmelbrösel

4 Esslöffel Crème fraîche

¼ l Fleischbrühe (instant)

Salz, weißer Pfeffer aus der Mühle

Geräucherter Kotelettbraten mit Honigkruste

1. Den Wein mit der Zitronenschale, der geviertelten Zwiebel, den Pfefferkörner, dem Ingwer und den Wacholderbeeren aufkochen.

2. Das Fleisch mit der Oberseite nach unten in einem Schmortopf geben und ein Drittel des Weins mit den Gewürzen zugießen.

3. Im vorgeheizten Backofen bei 180 °C (Gas: Stufe 2) etwa 1 Stunde im offenen Topf braten. Das Fleisch nach ½ Stunde wenden und immer wieder mit dem Bratensaft begießen. Eventuell etwas Wein nachgießen.

4. Für die Kruste Honig, Senf, Orangenmarmelade, Meerrettich und Semmelbrösel sowie 1 EL Crème fraîche verrühren und die Oberseite der Schweinelende damit gleichmäßig bestreichen.

Bei 225 °C (Gas: Stufe 4) weitere 15 Minuten braten lassen, bis die Kruste knusprig braun ist. Eventuell noch einmal etwas Honigcreme darauf streichen. Das Fleisch herausnehmen und warm stellen.

5. Den Bratensatz mit der Fleischbrühe und zwei Tassen Weinmarinade ablöschen. Durch ein Sieb in einen kleinen Topf geben, um ein Drittel einkochen lassen und die restliche Crème fraîche hinzufügen. Kurz aufkochen und mit Salz und Pfeffer abschmecken.

6. Das Fleisch vom Knochen lösen und in Scheiben schneiden. Die Sauce getrennt reichen.

Zubereitungszeit:
ca. 25 Minuten
Bratzeit:
1 Stunde 15 Minuten

TIPP

Zum Kotelettbraten passen Schupfnudeln und Sauerkraut.

Geräucherte Schweinskoteletts in Pflaumensauce

100 g Honig

¼ l Rotwein

*Saft und Schale von
1 unbehandelten Zitrone*

250 g Trockenpflaumen

*4 geräucherte
Schweinskoteletts*

Salz

weißer Pfeffer aus der Mühle

½ Bund Petersilie

1. Den Honig in einen Topf geben und aufkochen. Den Rotwein langsam zum kochenden Honig schütten und so lange köcheln lassen, bis sich der Honig ganz aufgelöst hat.

2. Zwei Drittel der Pflaumen in der Honigflüssigkeit etwa 15 Minuten garen und durch ein Sieb passieren. Den Rest der Pflaumen fein würfeln und dazugeben, nochmals aufkochen.

3. Die Zitrone waschen und trockenreiben. Die Schale dünn (ohne die bittere weiße Haut) mit einem Zestenschneider abschälen, in feine Streifen schneiden, mit kochendem Wasser überbrühen und abtropfen lassen. Zusammen mit dem Zitronensaft unter die Sauce rühren und alles nochmals – jedoch ohne Kochen – erhitzen.

4. Die frisch geräucherten Schweinskoteletts mit Salz und Pfeffer würzen auf Tellern anrichten und mit der Sauce begießen.

Zubereitungszeit:
  ca. 20 Minuten
Kochzeit:
  ca. 20 Minuten

Geräucherte Kalbsfilets mit Vermouth-Sauce

2 Tomaten

2 EL Butter

1 TL Paprikapulver

¼ TL Thymian

4 EL trockener Vermouth

8 geräucherte Kalbsfilets

250 ml Schlagsahne

*Salz, schwarzer Pfeffer
aus der Mühle*

TIPP

Reichen Sie zu den Schweinskoteletts selbst gemachte Spätzle und frischen, grünen Salat.

1.Die Tomaten über-
brühen, häuten, entker-
nen und würfeln. Die
Butter in einer Pfanne
schmelzen lassen und die
Tomaten darin andüns-
ten. Paprikapulver und
Thymian einstreuen und
mitdünsten.

2.Mit Vermouth ablöschen,
kurz erhitzen, dann die
Sahne dazugießen. Auf
kleiner Flamme etwas
einkochen lassen. Zum
Schluss mit Salz und
Pfeffer würzen.

3.Die geräucherten Kalbs-
filets mit der Sauce auf
Tellern anrichten und
mit geröstetem Knob-
lauchbaguette servieren.

Zubereitungszeit:
  ca. 15 Minuten
Kochzeit:
  ca. 12 Minuten

TIPP

*Zur Kalbszunge
passen Salzkar-
toffeln und ein
frischer Weißwein.*

VARIATION

*Ersetzen sie das Kalbsfilet
durch das kräftiger
schmeckende Rinderfilet.*

Geräucherte Kalbs-zunge auf dicken Bohnen

1 geräucherte Kalbszunge
800 g dicke Bohnen
75 g Butter
1 Zwiebel
1 Lorbeerblatt
4 Pimentkörner
4 Wacholderbeeren
¼ l Milch
½ TL Zucker
1 Prise Muskat
½ Bund Petersilie
Salz, weißer Pfeffer

1.Die Zunge in 1 l Wasser
mit Lorbeer, Zwiebel, Pi-
ment, Wacholder etwa
2,5 Stunden langsam
weich kochen lassen.
Wenn man mit einer
Gabel die Zungenspitze
mühelos einstechen
kann, ist sie gar.

2.Die Zunge herausneh-
men, kalt abspülen und
die Haut abziehen. Von
der dicken Seite her
schneidet man sie in
0,5 cm dicke Scheiben
und stellt sie in einem
Topf mit 1 Tasse vom
durchgesiebten Sud
warm.

Geräucherte Kalbszunge auf dicken Bohnen

3.Während der Garzeit der Zunge die Bohnen in der verdünnten Milch garen und in einem Sieb abtropfen lassen.

4.Ist die Zunge aufgeschnitten, werden die Bohnen in der zerlassenen Butter geschwenkt, mit Pfeffer, Salz, Zucker und Muskat abge-

schmeckt und mit Petersilie bestreut.

5.Bohnen portionsweise auf den Tellern anrichten und die Zungenscheiben dazulegen.

Kochzeit für die Zunge: ca. 2½ Stunden
Zubereitungszeit: 15 Minuten

Geräucherte Rinderbrust mit Kartoffel-Wirsing-Auflauf

500 g Kartoffeln
Salz
500 g Wirsing
3 Schalotten
10 g Butter
800 g geräucherte Rinderbrust, in 8 Scheiben geschnitten
1 EL Butter
1 TL Kümmel oder
½ TL geriebene Muskatnuss
150 g saure Sahne
etwas Butter für die Form

TIPP

Zum Kartoffel-Wirsing-Auflauf passt ein herzhaftes Bier oder aber auch ein kräftiger Rotwein.

1. Die Kartoffeln schälen, in Scheiben schneiden und in Salzwasser etwa 10 Minuten kochen. Den Wirsing waschen, putzen und in Streifen schneiden. In Salzwasser etwa 6 Minuten blanchieren.

2. Die Schalotten schälen und fein würfeln. Eine feuerfeste Form mit Butter einfetten und die Hälfte der Kartoffeln einfüllen, darauf die Hälfte des Wirsings und die Hälfte der Schalotten geben. Mit Salz, etwas Kümmel oder Muskat bestreuen.

3. Nun die Scheiben der geräucherten Rinderbrust auf die erste Kartoffel-Gemüse-Schicht legen und mit den restlichen Zutaten genauso verfahren. Zum Schluss mit der sauren Sahne bedecken und im vorgeheizten Ofen bei 200 °C (Gas: Stufe 3) 20 Minuten backen.

Kochzeit:
  ca. 12 Minuten
Zubereitungszeit:
  ca. 15 Minuten
Backzeit:
  ca. 20 Minuten

Geräucherter Tafelspitz

2,5 l Fleischbrühe (instant)
1 kg Rindfleisch aus dem Bug, fertig geräuchert
1 Zwiebel mit 2 Nelken gespickt
2 große Möhren
¼ Sellerieknolle
1 Petersilienwurzel
2 Stangen Lauch
1 EL Butter
¼ l Gemüsebrühe (instant)

*Geräucherter
Tafelspitz*

1. Die Fleischbrühe erhitzen und das Fleisch mit der Zwiebel in das kochende Wasser legen. Den sich bildenden Schaum abschöpfen. Das Fleisch bei geringer Hitze, bis auf einen Spalt breit zugedeckt, 1 Stunde kochen lassen.

2. Die Möhren und den Sellerie schälen und in feine, dünne Streifen schneiden. Die Petersilienwurzel waschen, schälen und halbieren. Vom Lauch die dunkelgrünen Blätter entfernen, die Stangen waschen, in 5 cm lange Stücke schneiden und längs halbieren.

3. Die Butter erhitzen, das Gemüse darin andünsten und die Gemüsebrühe zugießen, alles etwa 15 Minuten köcheln lassen.

TIPP

*Zum Tafelspitz
Bratkartoffeln und
sautierte grüne
Bohnen reichen.*

4. Sobald das Fleisch weich ist, wird es herausgenommen und in 1 cm dicke Scheiben geschnitten und auf einer vorgewärmten Platte angerichtet. Das Gemüse um die Fleischscheiben geben und einige Esslöffel heiße Brühe darauf gießen.

Kochzeit für das Fleisch :
  ca. 1 Stunde
Kochzeit für das Gemüse:
  ca. 15 Minuten
Zubereitungszeit:
  ca. 20 Minuten

Geräucherte Rinderfilets flambiert

3 EL Butter
4 geräucherte Rinderfilets à etwa 200 g
1 mittelgroße Zwiebel
250 g Champignons
2 EL fein gehackte Petersilie
Salz, weißer Pfeffer aus der Mühle
1 TL Zitronensaft
4 EL Cognac

TIPP

Servieren Sie die Rinderfilets mit frischem Baguette oder knusprigen Röstkartoffeln. Dazu passt ein kräftiger Rotwein.

1. In der geschmolzenen Butter die geschälte und in Würfel geschnittene Zwiebel andünsten. Knoblauchzehen abziehen, in feine Scheiben schneiden und hinzufügen.

2. Die Champignons putzen, in Scheiben schneiden und mit der Petersilie dazugeben. Alles etwa 5 Minuten dünsten. Mit Salz, Pfeffer und Zitronensaft abschmecken.

3. Die frisch geräucherten Rinderfilets in eine heiße Pfanne legen, mit Weinbrand übergießen und flambieren.

4. Die Filetsteaks auf vorgewärmte Teller legen, die Champignons darauf verteilen und etwas Bratensaft darüber träufeln.

Zubereitungszeit:
  ca. 30 Minuten
Kochzeit:
  ca. 7 Minuten

Geräucherte Rinderfilets aus der Folie

---
100 g Spinat
4 El Butterschmalz
4 geräucherte Filetsteaks
2 Schalotten
1 Knoblauchzehe
Salz, frisch geriebene Muskatnuss
160 g Edelpilzkäse
Alufolie
---

1. Den Spinat verlesen, waschen und trockenschleudern. Vier Stück Alufolie mit etwas Butterschmalz einpinseln und die geräucherten Steaks darauf legen. Die Schalotten schälen, fein würfeln und in der restlichen Butter andünsten.

2. Den Spinat zufügen und zusammenfallen lassen. Mit Salz und Muskat würzen. Spinat und Schalotten auf den Steaks verteilen. Jeweils 40 g zerbröckelten Edelpilzkäse darauf geben und die Folie verschließen.

3. Diese Päckchen auf ein Blech setzen und im vorgeheizten Ofen bei 220 °C (Gas: Stufe 4) etwa 4 Minuten backen.

Zubereitungszeit:
    ca. 15 Minuten
Backzeit:
    ca. 4 Minuten

Geräuchertes Lammkotelett mit Zucchini

---
4 doppelte Lammkoteletts
4 Knoblauchzehen
2 TL Curry
6 EL Olivenöl
Öl zum Einfetten des Rostes
Salz, schwarzer Pfeffer aus der Mühle
500 g kleine Zucchini
½ Bund Estragon
2 EL Butter
⅛ l trockener Weißwein
⅛ l Schlagsahne
---

1. Während der Räucherzeit die Zucchini waschen, trockenreiben, den Stielansatz entfernen und in Scheiben von 2 cm Dicke schneiden. Den Estragon waschen, trockenschütteln und die abgezupften Blättchen hacken.

TIPP

Zu beiden Gerichten passen Bratkartoffeln oder geröstete Toastscheiben.

2. Die Butter im Topf zerlassen, die Zucchinischeiben mit dem Estragon hineingeben und mit dem Wein übergießen. Mit Salz und Pfeffer abschmecken. 10 Minuten dünsten. Die Zucchinischeiben vorsichtig aus dem Topf nehmen und in eine vorgewärmte Schüssel legen.

3. Den Fond mit der Sahne einkochen und über die Zucchini gießen. Die geräucherten Koteletts mit Salz und Pfeffer würzen und mit den heißen Zucchini servieren.

Zubereitungszeit:
   ca. 15 Minuten
Kochzeit:
   ca. 13 Minuten

Geräucherte Hirsch- oder Rehfilets

1 Paket tiefgekühlter Rosenkohl
1 EL Butter
1 Möhre
2 Stangen Bleichsellerie
2 Schalotten

TIPP

Zu Wildfilets passen auch gebratene Apfelringe und auf jeden Fall Kroketten, die, tiefgekühlt, in der Zwischenzeit einfach aufgebacken werden.

100 g ge räucherter, durchwachsener Speck
1 EL Butterschmalz
4 EL Calvados
4 Wacholderbeeren
1 Lorbeerblatt
250 ml Wildfond (aus dem Glas)
1 TL frisch geriebener Meerrettich
4 EL Crème fraîche
Salz, schwarzer Pfeffer aus der Mühle
150 g Sahne
2 EL Preiselbeerkonfitüre
4 geräucherte Hirschfilets (etwa 3 cm dick)

1. Während des Räuchervorgangs die Beilagen und die Sauce zubereiten. Möhren und Bleichsellerie waschen und trockentupfen. Schalotten, Möhren und Bleichsellerie fein würfeln.

2. Den Speck fein würfeln und im Butterschmalz auslassen. Aus der Pfanne nehmen und beiseite stellen. 100 ml Wasser und die Butter erhitzen und den Rosenkohl darin etwa 15 Minuten garen. Den Speck zum Rosenkohl geben und warm stellen.

3. Gemüsewürfel in die Pfanne geben und 10 Minuten braten. Dann mit dem Calvados ablöschen, Wacholderbeeren, Lorbeerblatt und den Wildfond zugeben und 15 Minuten köcheln lassen. Durch ein Sieb gießen, zurück in die Pfanne geben und die Crème fraîche einrühren, etwas einkochen lassen. Mit Salz und Pfeffer würzen.

4. Die Sahne steif schlagen, die Preiselbeerkonfitüre und den Meerrettich unterziehen.

5. Die frisch geräucherten Filets auf vorgewärmte Teller geben, mit der Sauce, dem Rosenkohl und der Preiselbeersahne servieren.

Zubereitungszeit:
  ca. 45 Minuten
Garzeit insgesamt:
  ca. 12 Minuten

Geräucherte Ente auf Spitzkohl

4 Entenschenkel

je 200 ml Kalbs- und Geflügelfond (aus dem Glas)

1 kleiner Kopf Spitzkohl

Salz, weißer Pfeffer aus der Mühle

4 EL Butter

500 g Kartoffeln

6 EL Butterschmalz

150 ml Sahne

2 EL grüner Pfeffer (aus dem Glas)

1. Kalbs- und Geflügelfond mischen und bei starker Hitze auf die Hälfte einkochen.

2. Den Spitzkohl putzen, in Stücke schneiden und in kochendem Salzwasser blanchieren. Abschrecken und abtropfen lassen. In der Butter kurz anbraten, salzen und pfeffern.

3. Die Kartoffeln schälen, in dünne Scheiben schneiden, sorgfältig trockentupfen und im heißen Butterschmalz braten, leicht salzen.

TIPP

Ersetzen Sie die Ente durch die meist etwas preiswertere Pute.

4. Die geräucherten Enten-
teile mit der Hautseite
nach unten in heißem
Butterschmalz kurz an-
bräunen.

5. Die Sahne zum Fond
gießen und aufkochen.
Vom Herd nehmen, die
grünen Pfefferkörner zu-
fügen und nach Ge-
schmack mit Salz und

Pfeffer würzen. Die En-
tenteile mit Spitzkohl,
Bratkartoffeln und Pfef-
fersauce servieren.

Zubereitungszeit:
ca. 20 Minuten
Garzeit für den
Spitzkohl insgesamt:
ca. 12 Minuten
Bratzeit für die Kartoffeln:
10 Minuten

**Geräucherte Ente
auf Spitzkohl**

Verzeichnis von Hersteller- und Vertriebsfirmen

Deutschland

AGK-Kronawitter
Industriegelände 1
94522 Wallersdorf
Tel.: 0993378322
Großes Sortiment an Räucheröfen und Zubehör für jeden Anspruch. Betriebsarten: Holz, Gas, Elektro. (Hersteller)

BALZER GmbH
Spessartstraße 13
36341 Lauterbach
Tel.: 06641/88-0
Räucheröfen ab € 75, Betriebsarten: Holz, Spiritus, Elektro. Preiswertes Elektroheißräuchergerät. Umfangreiches Zubehörsortiment, Haken, Mehle.

Fa. EXORI-Import-Export GmbH & Co,KG
Mittelwendung 22
28844 Weyhe-Dreye
Tel.: 04203/815330
Große Auswahl an Räucheröfen (Super Smoker, Tele-Räucherofen), unterschiedliche Betriebsarten, umfangreiches Zubehör , Haken, Mehle.

Hans Grassl Apparatebau
Postfach 2150
83462 Berchtesgaden
Tel.: 08652/3192
Hersteller von Räuchergeräten für jeden Anspruch, verschiedene Betriebsarten. Elektro-

geräte ab DM 500. Zubehör.
HOSTA Stolz GmbH Draht- und Metallwaren
Postfach 1660
57277 Neunkirchen
Tel.: 02735/7831-0
Elektrische Gar- und Räuchergeräte aus Edelstahl; „Mirella" ab € 900. Räuchermehle.

JENZI
Postfach 266
73652 Plüderhausen
Tel.: 07181/9887-0
Räucheröfen ab € 75, Betriebsarten: Holz, Spiritus, Elektro. Umfangreiches Zubehör.

Karl von Keitz
Am Forsthaus 17
36163 Poppenhausen
Tel.: 06658/1555
Elektro-Kleinräuchergeräte.

W. Niedermeier
Landsberger Straße 356
80687 München
Tel.: 089/5808074
Hersteller eines kleinen, preiswerten Tischgeräts mit Spiritusbrenner - SuperSmoker (ab € 85). Ideal für Angler, Jäger und Camper. Mehle.

Josef und Erich Peetz oHG, Metallverarbeitung
Bergmeckeweg
59861 Meschede-Freienohl
Tel.: 02903/6362

Hersteller von Räucheröfen ab ca. € 100.

Schich Anlagenbau GmbH
Im Felde 17
27574 Bremerhaven
Tel.: 0471/34014
Räucheröfen bis zu Industrieräucheröfen, Zubehör.

Repa Yachtschule
Postfach 1107
88086 Immenstaad
Tel.: 07545/6293
Patentierte Räucherhaken.

Österreich und Schweiz

EXORI
Heimtierbedarf
Leitner GmbH & Co. KG
Salzweg 181
A- 4894 Oberhofen

BALZER Handels-G.m.b.H.
Andreas-Hofer-Str. 2
A-6330 Kuftstein / Tirol
Tel.: 05372/62372

EXORI
Fischereiartikel
Urs Bernhard
Seilerstraße
CH- 3114 Wichtrach

VECO AG
Waldeggstraße 97
CH- 8810 Horgen
Elektrische Räucheröfen für bis zu 16 Fischen. Zubehör.

Register

Weltbild Buchverlag –Originalausgaben–
7. Auflage 2002
© 1998 Verlagsgruppe Weltbild GmbH, Steinerne Furt 67, 86167 Augsburg
Alle Rechte vorbehalten

Titelbild: P.+R. Studio, Helmut Peters, München
Umschlaggestaltung: Beatrice Schmucker, Augsburg
Graphische Gestaltung, Satz und Herstellung: Peter Beckhaus, Grafik-Designer, Mainz
Producing, Bild- und Textredaktion: BOOKS & MORE, Monika Zilliken, Wiesbaden
Lithoarbeiten: Kaltnermedia GmbH, Bobingen
Druck und Bindung: Offizin Andersen Nexö Leipzig GmbH – ein Unternehmen der Union Verwaltungsgesellschaft, Spenglerallee 26–30, 04442 Zwenkau

Bildnachweis
Fotos:
AGK-Kronawitter, Wallersdorf: S. 37, 39, 41, 44 li.; AKG photo, Berlin: S. 6; Bilderberg, Hamburg: /Klaus Bossemeyer: S. 21, 24, 42, 56, 59, 75, 98; FOOD BOX Archiv Antje Kohrs, München: S. 78 (2), 114, 118, 121, 129, 135, 140; Heintges, Lehr- u. Lernsystem GmbH, Marktredwitz, mit freundlicher Genehmigung entnommen aus der Broschüre „Räuchern von Angelfischen“: /F. B. Rubenbauer: S. 29, 31 (2), 46 (2), 47 (5), 48 (6) 49 (5), 50, 52 (2), 53 (5), 54 (4), 55, 69 (4), 70 (6) 71 (7); JENZI, Plüdershausen: S. 38; PRISMA-FOTODIENST, München: /Kerth: S.108; Susanna Schapowalow / Florence: S.44 re., 58 (3); StockFood, München: /Reinhard Balzarek: S. 67; /Michael Brauner 106; /Gerhard Bumann: S. 10; /CEPHAS/Mick Rock: S.12; /Susie Eising: S. 95, 98, 100, 101, 103, 105; /Eising: S. 90, 93, 96, 99, 110, 112, 113, 125; /Susie & Peter Eising: S. 19, 60, 79; / Martina Meuth: S. 80; / Rosenfeld Images LTD.: S. 61; /Zabert Sandmann Verlag: S. 22, 72, 133; Christian Teubner, Füssen: S. 65; Uli Franz, Köln: S. 16, 26, 28.

Zeichnungen:
Albert Lohr, München: S. 32, 33, 34, 40 o.

Printed in Germany

ISBN 3-89604-259-9